# 生きて還る

完全試合投手となった特攻帰還兵　武智文雄

集英社インターナショナル

# 生きて還る

完全試合投手となった特攻帰還兵　武智文雄

野球以外に「生きる道」がなかった文雄。本気で「お国のために」と決意した。

映画を観て憧れ、予科練に志願。配属されたのは特攻基地だった。

桜花は、旧日本海軍が開発した“人間ロケット”。死に直結する任務だ。

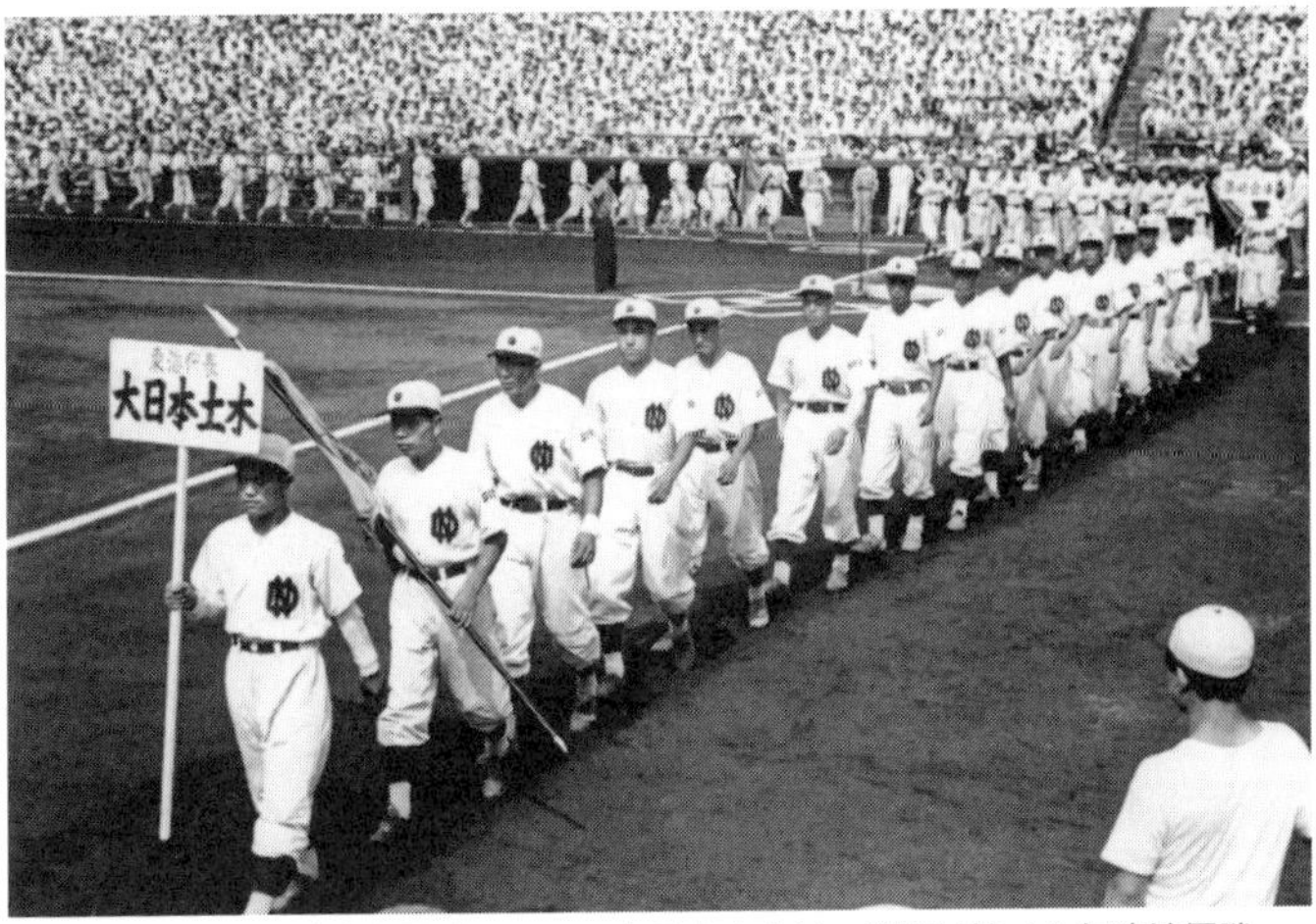

戦後すぐにできた社会人野球チーム・大日本土木は、都市対抗で２年連続優勝。

近鉄パールス球団新設で契約選手第一号になった文雄と同期入団の関根潤三。

文雄は、打者を翻弄するアンダースロー投手。変幻自在の変化球を投げた。

1953年４月、破竹の９連勝で、「春の珍事」とまで言われた。

左から黒尾、カスパラビッチ、沢藤、文雄、関根。1953年ごろの投手陣。

関根とはプライベートでも大の仲良しで、お互いを認め合う親しい間柄だった。

義理の両親と一緒の家族写真。引退後は、妻の実家の経営に加わった。

# 序章

## 零戦で還って来た男

# 燃え上がる零戦

　十八歳の夏。

《桜花《おうか》》と名付けられた特殊な飛行機で、爆弾もろとも敵艦に体当たりする任務を担っていた特攻隊員・田中文雄《ふみお》は、その日、滋賀県大津の部隊にいた。

　ポツダム宣言受諾を天皇陛下自らが伝える《玉音放送》を、全員起立して聞いた。

「朕《ちん》深ク世界ノ大勢ト帝國ノ現状トニ鑑《かんが》ミ非常ノ措置ヲ以テ時局ヲ収拾セムト欲シ茲《ここ》ニ忠良ナル爾臣民《なんじしんみん》ニ告ク
　朕ハ帝國政府ヲシテ米英支蘇四國ニ對シ其ノ共同宣言ヲ受諾スル旨通告セシメタリ
……」

　難解な言葉だったが、敗戦を意味するものだと誰もが理解した。兵士の中には膝から崩れ、地に伏して嗚咽《おえつ》する者もいた。

（オレの命は、どこまで弄ばれるのか）

死なずに生き延びたことが、真っ直ぐな青年の心根をいっそう締めつけた。

（お国のために、死ねなかった……）

文雄は、死を覚悟せざるを得ない運命にもがき苦しみ、死ぬことに誇りを見出そうとしながらその死さえも果たせなかった、自分の身の上を、心の中で整理することができなかった。


復員が許された日。

十八歳の青年・田中文雄は、一機の零戦（通称ゼロ戦）に飛び乗った。

エンジンをかけ、慣れた手順で機体を前方に動かす。

爆音が琵琶湖の空に轟《とどろ》く。

滑走路を疾走し、零戦は機体を空に浮かせた。

「ゼロ戦一機、かっぱらってやるわ！」

文雄は、零戦で上昇を続けた。

ときおり白い雲が機体をすり抜ける。

琵琶湖の空を旋回すると、湖に沿って北東へ向かった。

訓練の記憶が次々と脳裏をかすめた。

桜花特攻作戦が終了する六月まで、文雄は茨城・神之池にいた。大空から、エンジンもない飛行機で真っ逆さまに落ちる訓練を強いられた。青年にとって飛行機は、いつしか、安全に空を飛ぶのでなく、命を落とすため空から落ちる乗り物に変わっていた。


(このままどこに突っ込もうか)

物騒な思いが頭をよぎる。

死んで行った仲間を思えば、おめおめと生きては帰れない。

(どうせ生きていても、希望はない)

どこに突っ込めば本懐《ほんかい》を遂げられるのか。

答えは見つからなかった。


琵琶湖を離れ、東へ針路を向けた。

揖斐《いび》川、長良川、そして木曾川が眼下に見えてきた。

懐かしい故郷の風景。

各務原《かかみがはら》の上空を旋回し、〝田中文雄の帰還〟を故郷の大地に報せてから、木曾川の河原の一隅《いちぐう》を目指し、高度を下げた。

生きて還れるとは思っていなかった。
ここに還りたいわけでもない。
だが、還る家は、母の待つ故郷以外に思いつかなかった。

（家に還ろう）

河原に降り、エンジンを切ると、一度空を見上げた。
感傷はなかった。
死の訓練を重ねて失われた感情は、すぐに戻らない。
特攻服のまま、狭い操縦席から身体を持ち上げ、草原に降りた。

残っているガソリンを機体にぶちまけ、火を点けた。
ボワッと、零戦が真っ赤な炎に包まれた。

燃え上がる零戦を一瞥《いちべつ》した後、踵《きびす》を返し、文雄は草原を家に向かって歩き始めた。

ときおり、小さな爆発音が聞こえた。

文雄は二度と振り返らなかった。

だが、前方に《希望の未来》が見えているわけでもなかった。

背中で零戦が大きな炎に包まれていた。

# 目次

注　田中文雄は一九五四年（昭和二十九年）に結婚し、武智姓となった。本書では戸籍に従い、それ以前はすべて田中文雄と表記し、結婚後を武智文雄で統一する。引用した記事中の表記は原則として記事のとおりだが、混乱がないよう、一部修正したことをご了承いただきたい。また、チーム名のパールスは、パールズとも表記されるが、本書では、日本野球機構の表記にならい、パールスとする。

# 第一章

# 野球との出会いと決別

## 野球への思い

「ふみおがバッターだぞ、みんな下がれ、ずっとバック！」

年上の子どもが叫ぶ。

内野を守っていた上級生たちが、背中を向けて下がって行く。

「打たせないぞ！」

身体のでかい投手がムキになってゴムボールを投げ込んでくる。

文雄は、これを楽々と打ち返した。

竹筒のバットから弾き出された大飛球が、空高く舞い上がる。下がっていた相手の頭をさらに越えて白球が飛んで行く。

胸の奥が沸き立つ。

一塁に走る、一塁を蹴って、三塁へ、そしてホームベースへと還った。

飛ぶように走る、このワクワクする気持ちが、文雄は好きでたまらなかった。

「やったあ、ホームランだ！」

仲間たちが叫ぶ。

文雄の表情が輝く。

（何だろう……）

この心地良さは、言葉に表しようがない。

自分に与えられた、特別な力。

（幸せだなあ）

幸せという感覚が、どういうものかまだわからなかった。才能の意味も知らない。だけど、上級生も、仲間たちも打てない大きな打球を文雄だけが打てるのは確かだった。

（野球って面白い。もっと野球がやりたい！）

文雄の心の中で、野球への思いが大きくふくらんでいった。

田中文雄は、一九二六年（大正十五年）十一月四日、岐阜県稲葉郡前宮村前渡《まえみやむらまえど》に生まれた。

兄二人、姉三人に続く六人目。文雄の後に、弟三人が生まれているから、九人兄弟の六番目になる。

父は農業のかたわら、村議も務めた与一。母はぎん。

大正の年号は、文雄が生まれた翌月、昭和に変わる。

十二月二十五日に大正天皇が崩御し、昭和と改元したからだ。
その年の世界の出来事をたどると、

ルフトハンザ航空設立
ダイムラー・ベンツ社設立
ボルボ社設立
豊田佐吉が豊田自動織機製作所を設立

など、交通機関の発達と変化を感じさせる会社の誕生が目を引く。

また同時に、

ジョン・ロジー・ベアード（スコットランド）がテレビジョン送受信の公開実験に成功
日本放送協会設立
ＮＢＣがラジオ・ネットワーク放送開始

高柳健次郎が電子式テレビ受像器（ブラウン管式）を開発

ラジオ放送の始まりとテレビの開発・実用化が精力的に行われていた時代の躍動を感じさせる。

音楽界ではルイ・アームストロングが活躍し、文学界ではアガサ・クリスティが『アクロイド殺人事件』を発表する一方で失踪事件も起こしている。川端康成が『伊豆の踊子』を、アーネスト・ヘミングウェイが『日はまた昇る』を発表したのもこの年だ。

政治的には加藤高明《たかあき》内閣が加藤の死去によって総辞職し、第一次若槻禮次郎《わかつきれいじろう》内閣が発足した。前後の主な歴史を列記すれば、

一九二三年（大正十二年）、関東大震災

一九二七年（昭和二年）、昭和金融恐慌

一九二九年、世界恐慌

一九三一年、満州事変

## 一九三二年、五・一五事件

社会は不穏な空気を内包し、少しずつ戦争の足音が聞こえ始める、決して人心も人々の暮らしも安定していたわけではなさそうだ。

そんな時代に、田中文雄は生まれ、育った。

子どもはまだ、世間の不穏な空気をそれほどはっきり自覚してはいなかっただろう。貧しさは当たり前、日の出とともに目を覚まし、日暮れとともに自宅に戻る。学校から帰れば、家の手伝いはしたが、それ以外の時間は近所の友だちと野山を駆け、泥んこになって遊ぶ。元気溌剌《はつらつ》の毎日だった。

文雄は幼いころから近くの川や野山で自然と戯れ、たくましく育った。「木曾川の河童」とあだ名がつくほど、泳ぎも得意だった。

遊びの中でも、文雄がひときわ心を躍らせ、熱中したのは草野球だった。兄たちの遊びに入れてもらって始めたのがきっかけだ。稲刈りが終わった田んぼや草原で、ゴムボールを使って三角ベースの草野球をやった。バットは、竹林から拾ってきた竹筒だった。

兄たちがやるのを見て真似て、打ち、投げ、捕るうちに、文雄は野球が好きでたまらなくなった。身体はまだ小さいが、ポーンと、守る相手の頭をボールが越えて行く気持ちよさは、何とも言えなかった。

小学校の上級生になると、学校の野球チームに入った。

文雄は投手になった。

誰よりも球が速かったからだ。

投手になると、打者としてボールを遠くに飛ばすのとまた違う、新しい野球の魅力に引き寄せられた。

文雄の投げたボールが、パシーンと、快音を響かせて捕手のミットに吸い込まれる。その瞬間の、心地良さ。打者のバットが空を切り、文雄のボールを捉えることができない。身体じゅうがぞくぞくする。その快感。

(誰もぼくのボールを打つことができない)

誇らしかった。それ以上に、他の誰にもできるわけではない、特別な力が自分に与えられている、その喜びが文雄に勇気を与えた。

「松井の後を継ぐのは絶対、ふみちゃんだ!」

野球部のチームメイトが言った。

「おうそうだ、ふみちゃんも岐商《ぎしょう》に行って、甲子園で優勝してよ」

別の仲間も声を上げた。

松井というのは、岐阜商を夏の甲子園に導き、初出場初優勝を成し遂げたエース投手・松井栄造《えいぞう》のことだ。センバツでも二度の優勝を岐阜商にもたらした松井はそのころ、岐阜の英雄とも言える存在で、野球ファンならずとも知らない人はいないほどの人気者だった。岐阜商が全国優勝を果たすと、岐阜市内でパレードが行われた。市内から離れた山村に住む文雄たちは見に行けなかったが、パレードの噂、華やかさは自然と耳に入ってきた。野球少年にとって松井栄造は特別な憧れ。

（ぼくも、岐阜商に行って、思い切り野球がしたい）

文雄が、そう夢を描くのもごく自然な成り行きだった。


そのころの岐阜市立商業学校（現在の県立岐阜商業高校）は、破竹の勢いだった。県内で圧倒的な強さを誇っていたばかりでなく、全国的にも強豪校としての名声を年ごとに高めていた。

一九三二年（昭和七年）の第九回全国選抜中等学校野球大会に出場して以来、一九四一年まで十回連続してセンバツに出場。一九三三年には初優勝した。一九三五年、一九四〇年にも優勝を飾り、岐阜商の名は全国に轟いた。

夏の甲子園には一九三六年に初出場し初優勝を飾っている。その時のエースが前述の松井栄造である。そして、一九三八年にも全国準優勝を遂げた。

文雄が中等学校に入る一九四一年は春のセンバツに出場。準決勝で愛知県立一宮中に十二対二で敗れたものの、全国ベスト四の一角に入った。

## 頑固な父に負けない智恵

前宮尋常小学校を卒業し、前宮小の高等科に二年通い、八年間の勉強を終えるとき、文雄は次の進路を選ぶ分岐点に立たされた。

文雄の希望ははっきりしている。

「岐阜商に行って、野球をやりたい」

まず、母親に希望を伝えた。

「行けたらいいね。応援するよ」

母は文雄に賛成してくれた。だが、野球にまったく興味が無い父親の気持ちもまた、揺るぎなかった。

「父さん、岐阜商に行って、野球をやりたい」

勇気を奮って、父親に思いを伝えた。

「ダメだ。お前は兵隊になれ」

父は即座に文雄の希望をはねつけた。

農業で家族の生計を支えているかたわら、村議も務める父・与一は、頑《がん》として野球を認めてくれなかった。

日本はまだ大日本帝国憲法の時代。家長は父親であり、父は絶対的な存在だった。たとえ母親が理解してくれても、母親が父親を説得して、子どもの希望を叶えてくれるような世相ではなかった。

父親が首を縦に振らない限り、野球はできない。

文雄は悩んだ。

反対を押し切って、岐阜商に進学はできない。父親を説得することも不可能だ。

(野球は、あきらめるしかないのか)

一方で、岐阜商の野球部から、文雄は熱心に誘われていた。

「岐阜商に来て、野球をやらないか」

願ってもない申し出。小学校の大会で活躍する文雄のピッチングやバッティングが、岐皐商野球部関係者の目に留まったのだ。

文雄には断る理由はない。

「やりたい。ぜひ岐皐商に行って、野球がやりたい」

思いは募るばかり。

小学校時代は、大会である程度勝ち進みはするが、最後は市内の学校に苦杯を喫し、一度も優勝できなかった。文雄は投手、そして強打者として打線の中心でもあった。

（強いチームに入って、全国の舞台で力を試したい）

甲子園球場への憧れが胸の奥でふくらんだ。

折りを見て、もう一度、父親におずおずと尋ねた。

「岐皐商から誘われた。どうしても野球が」

言いかけた途端、もう、父の強い言葉が返ってきた。

「兵隊になれ」

その一点張りだった。

文雄の望みは完全に断たれた。

やむなく、父の決めたとおり、陸軍飛行学校を受験した。

一次試験に合格、あとは二次試験を残すばかりとなった。

合格すれば、野球の道は断たれる。

（甲子園には出られない）

胸をかきむしるほどの辛さが文雄を攻め立てた。

（英雄・松井栄造投手の後を追いかけて、自分も甲子園で優勝する）

すべての望みが、父親の反対で粉々に砕け散るなど、我慢できなかった。だが、それが当時の子どもの宿命だった。父親の決断には逆らえない。

二次試験の日が来た。

父親の鋭い視線を背中に感じて、文雄は自宅を後にした。

（野球をやりたい！）

強い思いを胸に秘め、文雄は試験会場に向かった。

数日後、陸軍飛行学校の合否の結果が届いた。

開封した父親の顔色が変わった。

「文雄を呼べ！」

妻のぎんに怒鳴った。

母に呼ばれて、文雄が父親の前に座った。

「なんだ、この結果は」

父が鋭く言った。

文雄は頭を垂れた。

「情けない。田中家の恥だ」

文雄は、何も言わず、ただ頭を下げ続けた。

通り過ぎる嵐をジッと待つ……。

（いまは親父の怒りを何も言わず受けとめる）

傍らで、母が文雄にやわらかな眼差しを向けていた。

（この子は、芯の強い子やよ）

利発な子だ、試験に落ちるはずがない。これには何か訳がある。文雄は、頑固な父親に負けない智恵と勇気を持った子だ。我が子ながら、天晴《あっぱ》れだと思った。

おずおずと父の前から引き下がり、お勝手に逃げるように姿を隠すと、文雄は思わず両手を挙げ、満面の笑みを浮かべた。

（やった、これで野球ができる！）

その笑顔を、母は微笑《ほほえ》んで見つめた。

試験の結果は、文雄には見る前からわかっていた。

一体、どんなからくりがあったのか。そのことは、後に京都新聞の取材に応えて、文雄自身が語っている。

以下は、二〇〇一年（平成十三年）八月十二日に『戦争のない世紀へ　戦後56年　幻の甲子園』と題して掲載された新聞記事の一部だ。

『岐阜県の農村に生まれ、小学校時代から野球の投手として活躍した。村議だった父は「兵隊になれ」と繰り返し、小学校高等科を卒業後、陸軍飛行学校を受験した。しかし、当時、甲子園の常連だった市立岐阜商（当時）からも誘いがあり、武智さん（筆者注・当時の姓は田中）は悩んだ。

「やっぱり野球をしたくて、陸軍の二次試験を白紙で出した」。数日後、家に騎馬の憲兵がやってきて、武智さんを問いただした。事情を説明すると、憲兵は納得して帰ったが「息苦しい時代になってきた」と子ども心に感じたという。』

二次試験の答案を全部、白紙で出した。

受験して落ちたのでは、父には文句が言えない。

こうして、一九四一年（昭和十六年）四月、晴れて田中文雄は岐阜商に入学し、野球部の一員になった。

文雄は時に大胆な行動に出る。この時もまた、その大胆さによって、野球への道を開いた。

## 夏の甲子園大会中止

名門・岐阜商の練習は、戦前の多くの強豪校がそうだったように、徹底した走り込みや猛ノックが課され、鉄拳制裁も当たり前の厳しさだった。

十二歳後輩になるが、兄の後を追って岐阜商の野球部に入り活躍した末弟の田中和男（現在は名古屋市在住）が、苦笑しながら、当時の練習の様子を話してくれた。

「いまなら出場停止になるような鉄拳制裁や愛のムチが毎日、当たり前でした（苦笑）。昔はどこもそうだったでしょう。

練習はとにかく厳しかったです。冬の間は、長良川の堤防を毎日ずっと走るばかり。ボールは持たせてもらえません。そりゃもう、厳しかったですわ。

先輩には毎日説教されて殴られる。あまりに理不尽で厳しいので、同期の仲間七人全員で、『もうやめます』と監督に言ったことがありました。そしたら監督はたったひと言、

『いいよ、やめても』

それ聞いたらもう返す言葉もなくて、みんな覚悟を決めたというか、あきらめて、野球部に戻りました。二年生の時は私ら弱かったんです。三年になってなんとか強くなったんですけど」

この証言は、戦後の昭和三十年ころを振り返っての話だ。文雄が入学したのはその十四年前。伝統的な厳しさは弟・和男の時代以上だったと想像していいだろう。

当時の広江嘉吉監督は、とくに厳しい指導で有名だった。

弟・和男から聞いて驚いた。そのころ、岐阜商には野球部専用のグラウンドがなかったという。岐阜市が「第二グラウンド」という施設を整備してくれることになり、「毎朝、早く行っては石拾いをしました」と和男が教えてくれた。全国制覇を重ねる強豪校だが、野球をする環境は必ずしも整っていなかった。それだけに、普段の練習は、走る、鍛える、そして殴られる。理不尽は当たり前だった。だが、岐阜商野球部の厳しい練習に耐え、やり抜けば、その先に甲子園の舞台があり、全国制覇の夢も現実に狙える。はっきりした希望があったから、乗り越えることができた。

厳しさは練習ばかりではなかった。文雄が住む稲葉郡前宮村前渡から岐阜市内にある岐岸商までの通学は片道二時間、往復四時間という難儀があった。

朝五時半には家を出る。自宅から最寄りの各務原線新那珂《なか》駅までは自転車で、砂利道をガタガタ走って四十分かかる。そこから電車で新岐阜駅まで三十分。市電でまた三十分。さらに徒歩二十分でようやく校門にたどり着く。

夜、練習を終えて自宅に戻るのは、夏場になれば深夜十一時近くなることもしばしばだった。

大変ではあったが、野球への思いが通学の苦労を上回っていた。文雄は在学中、無遅刻無欠席で登校し続けた。大変なのは文雄だけではない。朝五時半に間に合うよう、母はさらに早起きをして、弁当を作り続けてくれた。

二年生になると、文雄は主力に抜擢され、試合に出場する機会が多くなった。広江監督に素質と実力を認められたのだ。

ここまでは、前途の希望に満ちた、恵まれた青春の日々と言っていいだろう。苦しさもあるが、夢がある。厳しさを越えた向こうに〝光り輝く舞台〟が見える。だから、元気に立ち向かえた。

最初で最大の試練は、中等学校に入学してまもなく文雄の身に降りかかってきた。

戦争に向かう世相が、文雄の前に立ちはだかったのだ。

すでに始まっていた日中戦争がさらに激化し、アメリカとの対立を深める日本は、太平洋戦争へと突き進んでいた。

一九三九年（昭和十四年）九月、ナチス・ドイツ軍がポーランドに侵攻し、ヨーロッパで第二次世界大戦が勃発。

一九四〇年九月、日独伊三国同盟が成立。

一九四一年、様々な形で日米交渉が行われるが、根本的な合意に至らず、日米双方が開戦への準備を始めていく。

日本は七月から四度の御前会議を重ねた。日米交渉が決裂した結果を受けて、十二月一日、開戦を最終決定した。そして十二月八日、真珠湾攻撃によって太平洋戦争が始まる。

一九四一年七月、二十七回目の夏の甲子園大会予選は、各地で始まっていた。その途中で突然、中止が発表された。

岐阜商ナインも、甲子園に向けて懸命の調整と練習を重ねていた。

そんなある日、グラウンドはいつもの厳しさとはまた別の、異様な空気に覆われた。

「夏の甲子園大会が中止になった」

監督が、怖い顔で言った。

「中止って？　どうしてですか！」

「知らん」

監督はそれだけ言うと、グラウンドから出て行った。

岐阜商ナインは、目の前の橋を壊され、大河を前に呆然と立ち尽くした顔でグラウンドに座り込んだ。前途の光が突然消えて未来が真っ暗になった。

「戦争の影響か？」

「日本じゃまだ、戦争はやってない」

「野球、できるだろ、なんで中止なんだ！」

球児たちが、口々に叫んだ。納得がいかない。日中戦争の激化は新聞や大人たちの会話で知らされている。だが、身近に戦争の砲火はない。日々の生活は貧しいとはいえ、これまでと変わりがない。

「なぜ野球が犠牲になるんだ！」

それが、球児たちの正直な気持ちと戸惑い、そして憤《いきどお》りだった。

漠然と、戦火の拡大のためと理解されたが、実際のところ、明確な中止の理由は説明されなかった。人々は、これまで普通に行われていたことが突然中止になるといった特別な出来事によって、日本が刻々と開戦に向かっている現実を実感させられた。

文雄もまた、中止に納得のいかないひとりだった。

「今年が中止なら、来年もやれないだろ?」

同級生の間で交わされた会話はそれだった。

自分たち一年生には、この夏の中止はそれほど影響はない。いずれにせよ、まだ試合に出る機会はなかったからだ。

「アメリカとの戦争が始まったら、来年だって大会はできないだろう」

「戦争になったら、野球どころじゃないさ」

あってはならない、〝未来喪失〟という現実。それを覚悟せざるをえない空気が日本中を覆い始めていた。


十二月八日、日本が真珠湾攻撃を仕掛け、アメリカとの全面戦争に突入したのは、夏の甲子園大会が中止になった後のことだ。

球児たちが案じたとおり、戦争が始まった翌夏四二年も四三年も、夏の大会は開かれなかった。春のセンバツ大会も、一九四二年から中断となった。

## 野球以外の「生きる道」

文雄が中等学校に通っていたころの友人に話を聞くことができた。

岐阜新聞の社長、会長を経て、いまも地元で活躍している、岐阜新聞の杉山幹夫名誉会長だ。取材の時点で八十九歳、当時の野球界の状況も鮮明にそして詳細に記憶されていた。

「ふみちゃんは年齢ではひとつ上、学年は私がひとつ上だったと思います。あの頃、有望な野球選手を強豪校に入れる場合、岐阜商あたりは小学校を卒業してすぐに入学させなかった。高等科に二年行かせて、成長させてから岐阜商に入れる。その方が、二年先までプレーできるからです。ふみちゃんもそうだったと私は思っていました。

向こうは岐阜商、私は岐阜中学。学校は違いましたが、通学途中の新岐阜駅、いまの名鉄岐阜駅でいつも一緒になるんです。ふみちゃんが各務原から一緒に乗ってくる小学校時代の同級生が、岐阜中で私と同期でした。その友人を通して知り合いになりました。

彼は二枚目でいい男だった。女学生たちにモテモテでした。

いまの時代なら、タレントにもなれたでしょう。野球界だけでなく、芸能界でも通用したと思います」

杉山幹夫もまた、岐阜中の野球部で白球を追う、熱烈な野球少年だった。

「野球が大好きでした。テレビもまだない時代でしたが、何に刺激を受けたのか？　やはり、野球の楽しさ、面白さでしょうねえ。カーンというバットの快音、白球を追いかける興奮……。

私たちの時代は、戦争の影響で、だんだん野球ができなくなった。私が三年生になった昭和十七年には、野球部という名前はダメ、野球班という名前になりました。班というのは軍隊の言葉ですね。

私の中等学校野球は、昭和十七年で終わりました。

十八年には、対外試合が原則禁止になり、岐阜中は野球班が廃止になりました。岐阜商はおそらく、目立たないように練習していたと思います」

野球ができなくなってから、新岐阜駅での会話も、湿りがちだったという。

「勉強ばっかりで、面白くないなあ。野球をやりたいなあ、そんな話をしていました。ふみちゃんは、キャッチャーミットに自分の投げた球がポーンと収まる、あの快感が忘れられないようでした」

明治神宮体育大会は第二次世界大戦突入後の第十三回大会（一九四二年）から厚生省主

催となり、明治神宮国民練成大会と名前も改められ、一九四三年（昭和十八年）まで続けられた。岐阜商は、東海地区大会の決勝まで勝ち進んだ。文雄が試合で活躍したのは、その大会が事実上、最初で最後だった。無念にも決勝戦で敗れ、全国の舞台に立つ道は断たれた。それが、文雄にとって最後の中等学校野球となった。

（野球は、終わりだ）

文雄は観念した。

負けて、涙も出なかった。

（もう野球はできないだろう）

「野球部、これからも練習できるかなあ」

同級生がつぶやいた。

文雄は、

「練習したって、大会は……」

大会はもうないだろう、と言いかけて、もっと深刻な事実に思いが至った。

（大会どころではない。野球がもうできなくなる……）

その敗北は、野球との決別を意味していると文雄は理解した。そう思ったら、何もかも、する気が失せてしまった。喪失感で全身の力が抜けた。

（野球ができないのに、朝五時半に起きて学校に通う意味があるのか）

父の顔が浮かんだ。

「男なら、お国のために奉公しろ。野球なんて、もってのほかだ！」

中等学校に入る前から、父親に繰り返し叱責されていた。父の言葉が脳裏をかけめぐる。

「ふみちゃんは、これからどうする？」

聞かれて、文雄の頭に浮かび上がったのは、映画のシーンだった。

少し前、映画館に《予科練》の映画を見に行った。

飛行機を颯爽と操る航空隊員の姿が華やかで、

（飛行機乗りになりたい）

文雄は憧れを抱いた。

それまで、野球以外に熱く胸を焦がす対象はなかった。

初めて見つけた、野球以外の「生きる道」だった。

（このまま岐阜商に通っても意味がない）

野球の夢が奪われた。日々の厳しい練習の先にあるはずの希望が、幻のように消え去った。

五月末には、秘匿《ひとく》されていた山本五十六《いそろく》連合艦隊司令長官の戦死が発表され、アッツ島の全滅も玉砕《ぎょくさい》という言葉で新聞等で報道された。日々の暮らしが戦争一色に染まる中で、「野球に現《うつつ》を抜かす」ことが少年にとっても居心地の悪い行為になっていた。

(日本が勝つまで、もう野球はできない)

勝つしかない、勝てばまた、野球ができる。

文雄はそう考えた。

(それならば、戦場で華になる。男の本懐を遂げてやる)

文雄は、心を決めた。

(これで親父も文句ないだろう)

文雄は、野球への思いを断ち切り、予科練を志願した。

大空への憧れ。

それが本当に素直なときめきであったのか、十代の青年なりに、自分の闘志を鼓舞《こぶ》できる場所を探した末の、半ば自分への強制だったのかは、文雄自身にもわからない。

人は得てして、見えない恣意《しい》に動かされ、自分を納得させる方向に気持ちを向けようとするものだ。

当時の日本には、十六歳の若者にそのような決断を促す大きな力が渦巻《うずま》いていた。

当時を生きた十代の若者として、また「大事な友人たち」を戦地に送った仲間として、杉山幹夫が語ってくれた。

「あのころ野球なんかやったら『国賊《こくぞく》』のように思われた。ふみちゃんも甲種飛行予科練習生、通称予科練に行くわけですが、マスコミが囃《はや》し立てましたからねえ。予科練に行け、飛行機乗りになれ、と。海軍に行くのが美談のように。だから、正義感が強くて純粋だったふみちゃんは、本気で『お国のために』と決意したのでしょう。

『特攻攻撃をやって、日本が勝てば、また野球ができる！　その礎《いしずえ》になろう……』

ふみちゃんは、次の世代が野球をやれるなら、喜んで捨て石になる、きっとそういう気持ちだったと思います。

この国でまた野球ができる日が来るように。そのために、命をかけても悔いはない。それがふみちゃんの思いだった……」

戦況が厳しくなり、近親者の戦死が次々と伝えられるたび、杉山は、駅で会えなくなった田中文雄を思い出し、無事を祈った。しかし、生きて還ってくる姿を想像するのは難しかった。

一縷《いちる》の望みを抱きながら、杉山は思った。

（一度でいいから、ふみちゃんの球を打ってみたかった）

野球の神様がいるならば、文雄は野球の神様に愛されていたのだろうか。この時までの野球人生を見る限り、野球の神様にはそっぽを向かれていた。とても文雄に微笑みを注いでいたようには思えない。

あるいは、究極の試練を与え、恵まれた文雄の才気を育むために、厳しい修練の期間を与えたのだろうか……。

文雄が予科練に志願し、故郷・前渡を後にしたのは、一九四三年（昭和十八年）十月。十六歳の秋だった。

# 第二章

## 桜花特攻隊

## 愚か者が乗る飛行機

岐阜商を中退し、田中文雄は予科練に志願した。

配属されたのは、特攻隊基地だった。

最初は零戦で飛行訓練を重ねた。

やがて、ガタガタと振動が止まらない粗悪な飛行機で急降下し、敵艦に体当たりする訓練を強いられた。仲間が何人も、訓練で死んでいった。

「『自分ももうすぐ死ぬ』という重圧が、悲しみの感情さえ麻痺させていた」

前出の京都新聞の取材（二〇〇一年）に答えて、文雄が述懐している。

以下はその記事の抜粋だ。


『野球を失った武智さんは岐阜商を中退し、海軍航空隊に志願した。国に命を捧げることに、疑問はなかった。配属されたのは、東京近郊の特攻隊基地だった。

ガタガタと振動が止まらない貧弱な飛行機で、敵艦に体当たりするための無謀な急降下訓練を繰り返した。仲間が次々と死んでいったが、「自分ももうすぐ死ぬ」という重圧が、悲しみの感情さえまひさせていた。武智さんも二度、訓練中の事故で命を落としかけた。

終戦の二カ月前、三陸沖の米艦隊めがけて出撃したが、悪天候で引き返し、生き残った。共に出撃した十数機のうち、四機しか戻らなかった。

「十八歳かそこらで、みんな死んでいった。その無念を思うと…」。自分の強運を感じる一方、漠然とした後ろめたさを、今も消せない。

武智さんは戦後、チームメートや家族に戦争体験をあまり語ってこなかった。「子どもたちには『戦争の話は聞きたくない』と嫌がられて…」

特攻隊員の気持ちは、今の若者には絶対分かってもらえない。時代が違う。そう感じながらも、かつての特攻隊員と同年代の若者による凶悪な犯罪の多発に、激しい憤りを感じる。「人間の生命を、なぜ粗末に扱うのか。何かおかしい」

武智さんは毎夏、生き残った戦友とともに、小泉首相の参拝の是非が論議を呼ぶ靖国神社に詣《もう》でている。

「賛否それぞれの考え方があっていい。ただ、彼ら戦死者を弔わずにおれない私たち戦争体験者の気持ちを、政治に利用しないでほしい。私にとって靖国と政治は関係ありません」』

文雄に求められた使命は《特攻》だった。

一九四五年（昭和二十年）一月になると、特攻の中でも、《桜花》と名付けられた特殊な飛行機に乗り、機体の頭部に爆弾を携え、敵艦に突っ込む決死の任務につかされた。

桜花は別名・人間ロケットと呼ばれた。エンジンが付いていない。親機にぶらさがり、引っ張られて上空に昇る。そこで切り離されると、加速用のエンジンだけを噴かして時速六〇〇キロで急降下する。出撃したら、生きて帰る道がない。

死はすぐ目の前にあった。

野球では感じたことのない、絶望と使命の交錯《こうさく》。自分の感情や願望など遥かに超えた巨大な力にのみ込まれ、理性も意志も剥奪される。肉体の奥底から湧き出すのは、筆舌に尽くせない恐怖だった。

文雄の感情を麻痺させ、人間性さえ失わせかけた桜花の訓練とはどのようなものだったのか。

野球評論家・近藤唯之《ただゆき》が書いた夕刊フジ（一九七七年十月二十一〜二十三日）のコラム『背番号の消えた人生』に、文雄自身の回想とともに、掲載されている。

『男の運命ぐらい、不思議なものはない。戦争中、田中文雄は特別攻撃隊神雷隊員だった。最初はゼロ戦に乗っていた。しかし戦争末期はゼロ戦ではない。「桜花」と名づけられた、翼のあるロケット特攻機である。

「一式陸攻が桜花を腹にかかえて飛ぶんです。そして敵艦の近くにきたら桜花を胴体から切り離す。すると桜花は5分間ほど自動ロケット装置で飛び、時速600キロのスピードで敵艦に突っ込んでいく。私はこの桜花特攻隊員になったから、いずれは間違いなく死ぬと思ってました」

それが生き残った。紙一枚の差というか、まばたきする瞬間の差というか、すれすれの作戦変更で彼の特攻出撃はないまま、戦争は終わった。』

文雄と同じ立場を経験した人たちの証言が残されている。

以下は、毎日新聞（二〇〇五年六月九日）に掲載された記事の引用だ。

『1945年4月12日、特攻部隊「神雷部隊」に所属していた当時19歳の渡部亨（とおる）さん（79）＝松山市山越4＝は、鹿児島県の鹿屋基地から、特攻のために開発された航空機「桜花」で出撃した。桜花は、親機「一式陸攻」の下につられて戦闘空域に運ばれ、上空で切り離されて敵艦に体当たりする〝人間爆弾〟。二度と生きて戻れないはずだった。

渡部さんは旧制大洲中（現大洲高）4年生だった42年10月、戦闘機パイロットになろうと海軍飛行予科訓練生に。44年8月、配属先の小松基地（西条市）で「特攻隊に志願する者は名前を書いて出してくれ」と言われた。

「若い者がやらずに誰がやる」。渡部さんは迷いなく志願。茨城県の百里原基地に送られ、そこで初めて桜花を見た。全長5・6メートルの小さな機体の先端に1・2トン爆弾が搭載されている。操縦かん1本と簡単な計器が付いているだけで、着陸のための車輪はない。零戦（ゼロせん）で特攻すると思っていたので驚いたが、「うまくやってやる」と決意した。

45年4月1日、渡部さんは訓練を終え、沖縄に侵攻した米軍への特攻の拠点となっていた鹿屋基地に移動した。出撃命令を待つ間、「生きていたら女性と交際したり、いろいろなことができるな」との思いが浮かんだ。12日未明、鹿屋の町で酒を飲んでいる時に、仲間の隊員から「今日正午に出撃だ」と知らされた。

正午、一緒に出撃する仲間と冷酒で別れの杯を交わし、一式陸攻で飛び立った。眼下には鹿児島県枕崎市の海岸線が広がっていた。木々の緑がまぶしい。「日本もまんざらではないな」と思った。海上に出た時、一瞬、母親の顔が浮かんだ。1時間ほどで戦闘空域に到着。桜花に乗り移った。冷たい風が体を突き上げ、「とうとう終わりか」と覚悟したが、操縦かんを握ると不思議と落ち着いた。

前方に米艦が見えた。しかし機体はなかなか切り離されない。見上げると親機の左エンジンが被弾、高度が下がっていた。これでは特攻はできない。親機で引き返すことになった。途中の口之島近くの海上に不時着した。つい先ほどまでいた海上では、米軍が圧倒的な戦力で簡単に日本機を撃墜していた。「特攻なんて成功するわけない。みんな犬死にだ」

渡部さんは約2カ月後、海軍の海防艦に救助され、無事に帰還。2度目の出撃命令はなかった。予科練同期約600人のうち約350人は終戦までに命を落とした。

(以下略)』

同じく、千葉日報(二〇一三年八月十四日)に掲載された証言を抜粋する。

『太平洋戦争中、敵艦に体当たりする、いわゆる特攻作戦のため旧日本海軍が開発した人間ロケット「桜花」の要員だった斉藤豊吉さん(87)=市原市=が市内のイベン

トで、その体験を語った。（中略）

小学校を卒業し、私塾「南総学校」在学中に開戦を迎えた。（中略）「困ったな。これで兵隊に行かなければならなくなった」というのが本音だった。「どうせ徴用で引っ張られるなら」と、「重い背嚢（のう）を背負う」陸軍ではなく、映画館で海軍機の編隊を見て「飛行機乗りはいいなあ」と15歳で海軍を志願した。

早く卒業し階級も上がる甲種ではなく、「命が大事。長生きした方がいい」と乙種を志願したが、短期養成へ《ママ》半年卒業の「特乙」に選抜された。毎日9時間の授業と飛行訓練を積み、予科練８００人中わずか20人の「戦闘機乗り」に。夜間飛行訓練が始まると天気図書きや測量、暗号も学ぶ。訓練が終わるのは深夜12時。寝る間はなく、風呂も週1度。「それでも人間は死ななかった」と笑う。

特攻志願の意思を問われたのはこのころ。上官から希望者は職員室に――と言われ「4男坊だから」と迷わず一番に職員室へ。書類にある「希望」「熱望」「最熱望」のいずれかを選ぶよう言われ、「最熱望」に二重丸を付けた。死に直結する任務も志願の心境は「さっぱりした。家族を大事に思った」結果だった。

１９４５（昭和20）年1月10日、「神之池海軍飛行場」（現在の茨城県鹿嶋市）への転勤命令が下る。行くと門柱に「海軍神雷部隊」とあった。「何かなあと思った」。「桜花」の特攻部隊の通称だった。

訓練は命がけ。高度3500メートルで「投下用意」の号令とともに、運搬する航空機の床から翼にぶら下がる「桜花」へ乗り移る。切り離され数秒で高度500メートルに急降下。水平飛行を保ち草むらに着地する。特攻機なので、車輪代わりにソリが着いていた。

大学野球の投手だった仲間は松の木にぶつかり「桜花」は真っ二つ。普通なら即死だが鍛えた体の持ち主は顔をたたくと起き、「やったな」と言うと「うん」。帰隊し「訓練終わりました。桜花一機大破。その他異状なし」と届け出ると、上官は「おまえは桜花より丈夫か」。皆で笑った。

危険な空中戦は経験したが、数えきれぬほど仲間が散った九州・沖縄方面への出撃はないまま終戦。「特攻隊員でなく、特攻要員だった」。戦後は測量、天気読みの技術が仕事で大いに役立った。若者には「ムダなことはなにもない。何ごとも勉強と思い習ってほしい」と訴える。』

特攻隊といえば神風特攻隊が広く知られている。海の中から敵艦に激突する『回天《かいてん》』と呼ばれる特攻船（人間魚雷）の存在も伝わっている。

だが、『桜花特攻隊』を知る人はどれほどいるだろう。私自身、文雄の人生をたどるまで詳しく認識がなかった。文雄も、まずは神風特攻隊に配属され、後に桜花に移っている。

桜花を初めて発見し、その作戦の実態を把握したアメリカ軍は、桜花に『BAKA bomb』というコードネームを付けた。

バカは、文字どおり馬鹿を意味する。

直訳すれば、「バカ爆弾」。

沖縄を占領し、日本軍の壕の中から桜花を発見したアメリカは、機体を詳しく調査した結果、それが人間の操縦するロケット爆弾だと理解した。アメリカには、自殺を禁じるキリスト教的な価値観がある。バカと名づけたのは、自殺するような愚か者が乗る飛行機という意味でその名が付けられた。

「アメリカ軍は、桜花の設計思想に嫌悪感を覚えたのだ」という。

この事実に、私は強い衝撃を覚えた。

勝つためならば、「ひとりの若い兵士の命を犠牲にしても構わない」と考える日本軍と、「戦争には勝たねばならない宿命があっても、自軍の兵士の命を犠牲にすることは想定しない」というアメリカ軍の違い。アメリカには愛があり、個人の尊重がある……。

ベースボールと野球は違う、とよく言われる。

通常は、野球の戦術論、勝ち方の選択の違いを言う場合がほとんどだ。

桜花の話から発想を得て、別角度から日本とアメリカの野球を比べてみると、戦術論を超えた、思想や哲学の違いが浮かび上がってくる。

日本の草野球では、アウトをただ「アウト」とコールする。ただアウトと聞くと、野球用語としてすんなり受け止めてしまうが、アメリカの野球では必ず「ヒー・イズ・アウト」と言う。「そいつは死んだ」とでも訳せばいいだろうか。最近は、リトルシニア（中学生の硬式野球）でも、アメリカ流に「ヒー・イズ・アウト」とコールするのが一般的になっている。

日本ではアウトを死と訳し、いまも当たり前に使っている。当たり前になりすぎて麻痺しているが、野球には死が満ちあふれている。野球は二十七の死（アウト）を積み上げるゲームだ。

その死のひとつひとつをどれほど尊重しているだろうか。

アメリカの野球では、犠牲バントを多用しない。時には犠牲バントもするが、日本に比べたらずいぶん少ない。

日本では、高校野球に代表されるとおり、無死一塁、無死一、二塁といった場面では犠牲バントのサインが監督から選手に送られる確率が高い。打者の意志でなく、ベンチの指示で打者は死を求められる。それに逆らう自由はない。もしサインどおりに動かなければ、次の試合から外されても仕方がないと認識されている。「監督の指示は絶対」「サインに従い、自らを犠牲にするのがチームプレーの基本だ」との了解があるからだ。

本当にそれが野球本来の精神だろうか?

チームプレーとは、「自分が死んででも、走者を進めること」か?

自らの犠牲を前提にすることがチームを勝たせる基本ではないだろう。

フォア・ザ・チームとは、「チームの勝利に最善を尽くすこと」である。ひとつの死を相手に献上し、走者をひとつ進めることが本当に野球において最善の貢献だろうか。

野球のルールや競技性を直視したら、それほど深く考えなくても、別の方法を思いつく。打者は、一度の打席で最高四つの塁を奪うことができる。走者は、打球の方向によっては一気にふたつもみっつも進み、一塁から一気にホームベースを駆け抜けることもできる。通常の送りバントでは、よほどでなければ、走者はひとつ進むのが精一杯だ。なぜ、日本の打者たちは、走者を一気にふたつ以上進める方法を磨こうとしないのか。監督は「確実にひとつ走者を進めるために、打者の死を受け入れる作戦」を十年一日、選び続ける。高校野球がそうだから、私が監督を務めるリトルシニアの野球でも、無死で走者が出ればほとんどの監督が打者に送りバントを〝命令〟する。

データを探ると、バントで走者を進めても、得点できる割合は三十～四十パーセントにすぎない。しかも、一点でなく、二点、三点を取る確率は、バントさせず、後続の打者たちに打たせた方が遥かに高い。

バントはひとつアウトを犠牲にした上に、走者はひとつしか進めない。一点を取る確率を高めただけで、二点以上取る確率には貢献していない。しかも、二塁走者をホームベースに還す方法は所詮、次の打者の好打（ヒット）に依存している。

野球をめぐる現実を冷静に見つめると、

「日本は本当に戦後を迎えているのだろうか」

と感じてしまう。野球は戦前の全体主義、勝利至上主義、根性論を色濃く残している。監督、コーチの罵声はいまもグラウンドに響き渡っている。監督が選手を支配する体制に何ら抵抗を感じない空気が日本全体を覆っている。戦術面では、いまも特攻精神が生きている。自己犠牲は何よりも賛美される。

日本の野球は、ひとりひとりの命を軽んじている。

## 死の海に怯える日々

田中文雄は、特攻隊員として心を縛られ、心を操作され、戦後その束縛から逃れようともがき、闘い、勝利したり敗れたりを繰り返して人生を歩んだ野球人である。

私は、その事実に心をつかまれ、切なく、胸が騒いだ。

文雄は、その葛藤を声に出すことはしなかった。できなかった。

だが彼の生き様からは、そうした叫びが聞こえてくる。

一九四五年（昭和二十年）三月十日。後に《東京大空襲》と記憶される激しい空襲の夜、茨城県神之池海軍航空基地にいた田中文雄（海軍特別攻撃隊神雷隊員）に出撃命令が下った。

近藤唯之のコラムに、文雄の発言も併せ、詳しく綴られている。

『「B29の東京空襲と関連作戦をとったんでしょうね。空襲の真っ最中、米機動部隊が銚子沖に現れたという情報がとびこんできたんです」

すぐにゼロ戦16機が出撃した。ただし、このときは特攻出撃ではない。爆弾を腹にかかえた出撃であった。田中上飛曹も偵察員・佐藤予備少尉と同乗して離陸した。高度3000メートルに上がると、東京が炎のように見えたそうだ。

ゼロ戦16機は米機動部隊を求めてとんだ。当夜、気流は乱れに乱れ、しかも飛行途中で想像もできない風雨に巻きこまれた。気がつくと16機はバラバラになり、どこを見ても同僚機は1機もない。

ここまでくると米機動部隊発見どころの騒ぎではない。まごまごすると、太平洋に不時着しなければならない。

「最終的に基地に帰ってきたのは5機だけでしたね。あとの11機は太平洋上に不時着して沈んだか、悪天候のため墜落したか、いずれにしろ基地には、ふたたび戻ってはきませんでした」』

このとき、文雄は瀕死の重傷を負って、九死に一生を得ている。

後に、大阪ABC放送のラジオ番組『バファローズアワー』で長く一緒に仕事をした太田元治アナウンサーが、文雄から詳しくその話を聞いている。

「戦争は二度と繰り返してほしくないのです」

太田は、ふとそう口にした文雄の思いに触れて、一九九九年、文雄の体験と証言をまとめ、ラジオのドキュメンタリー番組を制作した。

「高校野球が普通にできる幸せを、いまの高校生たちにかみしめてほしい」

強い願いを太田元治アナウンサー自身が抱いたからだ。

「二度と繰り返してほしくない」

その心の奥には、ただ「平和」「命の大切さ」を意味するだけでなく、戦争に奪われた心の自由、傷を負った心の癒しが決して容易でないこと、それほど戦争の傷は深く救いようがない現実を伝えたい、そんな思いもあった。

その録音テープには、貴重な文雄の肉声が残されている。前出の近藤のコラムとは事実の食い違いも感じられるが、文雄本人の述懐だけに、そのまま紹介する。

文雄は番組の中で、東京大空襲の日の出撃の様子をこう語っている。


『離陸前、隊長がわざわざ出て来て、我々ひとりひとりに水杯《みずさかずき》を注いでくれた。「しっかりやって来い」と。ああ、これが最期だな、と思いました。私は、飛行場の空を三回まわってから、東京湾に向かいました。

東京湾で敵の空母に体当たりする使命でした。ところが曇って視界がない。どこを飛んでいるのか、さっぱりわからん。偵察員が後ろに乗っていたけど、聞いてもわからん。天候不良のため、やむなく引き返したのです』

太田が折に触れて文雄に聞いた証言から、次の事実が浮かび上がってくる。

東京大空襲の夜、視界がひどく悪かった。

敵機の爆撃を避け、無事に着陸できる場所を探すのが精一杯だった。眼下に、島のような陸地が見えて来た。

一か八か、着陸を試みる以外に生きる道はない。

文雄は零戦の操縦桿を握り、ほとんど視界のない荒天の中、機体を降下させ、着陸を試みた。

次の瞬間、ガガガッと、大きな音に包まれた。

激しい衝撃、岩か大木にぶつかって、零戦は突然停まった。

いや、文雄には、ぶつかったところまでしか記憶がない。

ほぼ一週間、意識を失っていた。自分では、どれだけの時を経たのか、わからなかった。

気がつくと、病院に担ぎ込まれていた。

顔面に激しい痛みを覚えた。

（生きているのか……）

顔の傷に気づく一方、文雄はまだこの世に生かされている運命を不思議に感じた。


田中文雄は、生き残った。

命を奪われてもおかしくない状況に幾度も直面しながら、文雄は生かされ続けた。

天から文雄が与えられた使命は「桜花」でも「特攻」でもなく、「もっと他にあったから」なのだろうか。

近藤唯之のコラムに、さらに詳しい「運命」の不思議が綴られている。


『さる10月1日、靖国神社で〝神雷戦友会〟が行われた。これは神雷隊生き残りの戦友150人の集まりである。ここで田中は体がブルブルふるえるような話を聞いた。

神雷隊幹部は32年前の秘密を田中に打ち明けたそうだ。

「いまだからいえるんだがなあ。お前の特攻出撃は四度あったんだよ。どういうわけか、特攻出撃というと、かならずお前の名前が真っ先に出てくるんだ。そういう運命だったんだな。ところが、その四度とも、出撃直前で作戦変更になってな。そのうち一度でも作戦変更があと48時間おくれたら、お前は32年前に死んでいたよ」

この話を耳にするまで、田中自身も自分は強運だと思っていた。しかし32年前に特攻出撃者名簿をつくった当事者からそういわれると、田中はあらためて体がふるえるのだ。』


強運という言葉では理解しきれない、もっと深く、大きな何かによって、田中文雄は生きる力を与えられていたのかもしれない。


海軍航空隊を志願したのが、十六歳十一カ月のとき。それからわずか一年十カ月。二年にも満たない短い月日の間に、文雄は幼いころ想像したこともない、重苦しい現実の真っ只中に叩き込まれ、あえぎ続けた。

死ぬために生きる。死と背中合わせの日々。

死の海に怯える日々。

訓練で疲れ切って床に就いても、悪夢にうなされ、夜中に目を覚ますことがしばしばあった。

最初は憧れの零戦で飛行訓練を重ねた。やがて、命と引き替えに敵艦めがけて突っ込む特攻が、自分の「生きる道」となった。生きる道はすなわち「死への道」だった。

ところが、ある日をもって、文雄の命はまたもや運命のいたずらに翻弄され、今度は救われた……。


一九四五年（昭和二十年）八月十四日。御前会議で鈴木貫太郎首相が天皇陛下の聖断を仰ぎ、ポツダム宣言受諾が決定された。終戦、そして、日本の「無条件降伏」を意味するものだった。

その日のうちに、「翌十五日正午から重大発表がある」という報道が流され、十五日の朝にはそれが「天皇陛下自らが行う放送」で、「必ず国民は聴くように」と注意喚起がなされたという。


田中文雄、十八歳の夏。

死を覚悟し、死ぬことが国のためと教え込まれたその「使命」が終戦によって奪われた。

（オレの命は、どこまで弄ばれるのか）

特攻の使命を受けながら、死なずに生き延びた複雑な喪失感が、真っ直ぐな青年の心根をいっそう締めつけた。

生き延びた、
死に損なった、
これで帰れる、
いや、どの面を下げて帰れるものか……。

「ゼロ戦一機、かっぱらってやるわ！」


序章に記した文雄の帰還は、桜花特攻隊などの経験を超えた十八歳の青年の激しい困惑とやり場のなさを象徴している。

懐かしい故郷の風景。

木曾川の河原、田んぼや畑。

そこは幼いころ、兄たちにまじって草野球に興じた、文雄にとってはかけがえのない「野球場」でもある。

小学校の高学年になると、先頭に立って近所の子どもたちと野球に明け暮れた。

懐かしい田畑の風景が、少年時代の記憶と重なって、キラキラと輝いた。

（なぜ野球を捨てなければならなかったのか）

いまさら言っても仕方のないことが、戦争が終わって、文雄の頭をよぎった。

二年も野球から遠ざかった。すでに甲子園を目指せる歳ではない。

（いまさら、野球には戻れない）

命を与えられたが、これから先の人生に〝自分が果たすべき役割〟があると思えなかった。

死ぬことが生きる意味だった。

野球を奪われ、今度は死ぬ機会さえ奪われた。

人々は平和を歓迎しているだろうが、文雄にとって平和は、戦争よりもっと残酷な、何も成すべき使命のない空虚なものに思えた。

# 第三章

## 愚連隊

## ケンカに明け暮れる

復員した田中文雄は、すぐに穏やかな暮らしに戻れなかった。

故郷で荒れた日々を過ごした。

柳ヶ瀬《やながせ》あたりの繁華街に出ては、ケンカを売って歩く日々。

「おい、ちょっと待て」

ヤクザまがいのチンピラが、文雄に因縁《いんねん》をつけてくる。

「お前らのせいで、オレたち日本人は大変な思いをしているんだ！」

特攻服で歩く文雄は戦時中なら英雄だが、敗戦を迎え、途端に非難の矛先《ほこさき》を向けられる対象になった。

文雄は、面倒な講釈なしにすぐ、長靴《ちょうか》の踵《かかと》で相手の膝頭を鋭く蹴りつける。

「ウッ……」

鈍いうめき声を上げ、因縁をつけてきた若者がうずくまる。その上体に、顔に、今度は蹴りを連続して叩き込む。すぐに相手は威勢を失い、倒れ込んだ。仲間が何人いようと、怖い物知らず。ケンカを探して、ケンカを買いに街を流す日々が続いた。

当時、似たような、戦争帰りの荒れた若者が日本各地にいたという。徒党《ととう》を組んで暴れる者たちは「愚連隊」と呼ばれた。

「愚連隊か、オレにピッタリの名前じゃないか」

文雄は満更《まんざら》でもなかった。荒れた気分に、愚連隊の名はなぜかしっくりと感じられた。希望のない、自虐的な思いに合っていたのだろう。

その荒んだ行状は、狭い村でもあり、誰からともなく両親の耳に入った。

文雄は、子どもの頃とは別人のように暗い表情で、家でもほとんど喋らなかった。

「文雄のヤツ、すっかり人が変わったな」

父・与一がキセルで火鉢を叩きながら、つぶやいた。

傍《かたわ》らで針仕事をする母親は、しばらくの間何も答えなかった。

日本中の価値観が変わった。心の奥底に本当に抱いていた正直な気持ちを、素直に自分の感情だと認める自由が許されるようになった。

与一は、文雄を予科練に送り出した日から、いつ最期の報せが届いてもいいよう覚悟を決めていた。だが、いざ文雄が元気な姿で帰ってくると、言葉に尽くせぬ喜びに満ちあふれた。

「よく帰って来てくれた」

言葉にこそできなかったが、自分でも不思議なくらい、三男《さんなん》の帰還はうれしかった。

「文雄のせいじゃないがね」

母ぎんが、誰にともなくつぶやいた。

父も母も、言いたいことは、

「いつになったら、昔の文雄に戻るんやろねえ」

そのことだった。

ただ、祈る思いで、ぎんは針仕事を続けた。

そして小さくつぶやいた。

「文雄は変わっとらんよ。あの子はやさしい子やったもんねえ。もう少ししたら、やさしい文雄に戻るんやない？」

　愚連隊から本物のヤクザに仲間入りする者もいたが、文雄がその道を歩まなかったのは、文雄の心の奥にまだ、人の温もりを受け入れる欠片《かけら》が残っていたからだろうか。それとも、文雄の持つ、《運命》がそれを許さなかったのか。

ケンカに明け暮れ、毎晩遅くまで飲み歩いて自宅に戻る文雄を、母はただ受け入れてくれた。毎晩、あるいは朝早く、無言で文雄を迎えてくれる母の思いが、文雄には痛かった。母親と、そして戦争前とは様子の変わった父親のいる自宅で、特攻の訓練で破壊された心の傷口が、少しずつ、少しずつ、癒されていた。

終戦直後から進駐軍が日本列島の隅々まで入り込み、日本は占領支配下に置かれた。

「男はみな殺しにされ、女はみな乱暴される」

鬼畜米英は、戦勝国となっていっそう、横暴の限りを尽くす。日本の国はもうお仕舞いだ。戦時中に刷り込みを受けた日本人の多くはみな、それを恐れた。文雄もそのひとりだった。

日本列島は完全に外国人に征服されると思った。しかし、進駐軍による支配はあるものの、日本はこれまでどおり、自分たちの国の形を守り続けていた。

進駐軍の兵士たちは図体も大きく、ズカズカと土足で畳に上がり込むような礼儀知らずだったが、鬼と呼ぶほど残忍でもなかった。子どもたちは、ガムやチョコレートを求めて彼らのジープの後を、歓声を上げて追いかけた。進駐軍の兵士たちは気前よく陽気な連中だった。

占領下の物資の不足や不自由はあったが、文雄が案じた以上の速さで、日本は復興に向けて動き始めていた。

一度は完全にあきらめたつもりの野球も、文雄の絶望とは裏腹に、終戦とともに素早く復活を果たしつつあった。

終戦からちょうど百日目の一九四五年（昭和二十年）十一月二十三日、進駐軍に接収されてステートサイド・パークと名前を変えていた神宮球場で東西対抗が行われた。

東軍の先発投手は、藤本英雄（巨人）、捕手は楠《くすのき》安夫（巨人）、西軍は投手が笠松実《みのる》（阪急）、捕手土井垣《どいがき》武（阪神）。東軍打線には、金山《かなやま》次郎（名古屋）、千葉茂（巨人）、大下弘（セネタース）、西軍打線には、呉昌征《ごしょうせい》（阪神）、藤村富美男（阪神）、鶴岡一人《かずと》（南海）らの名が並ぶ。十三対九で東軍が勝った。藤村はホームランを記録している。

日本職業野球連盟復興記念東西対抗戦と銘打ったこの大会は、桐生・新川《しんかわ》球場、西宮球場を転戦し、計四試合が行われた。

東京六大学野球はさらに少し早く動き出した。

一九四五年の十月二十八日に六大学ＯＢ戦、十一月十八日にステートサイド・パークで全早慶戦を行った。翌一九四六年五月からは、一回戦総当たりながら六大学リーグも復活した。この春季リーグ戦は、東大が明治、早稲田、立教、法政との大接戦を制して四連勝、慶大と優勝をかけて第五戦を戦う異例の展開となった。岐阜商出身の左腕投手・大島信雄、四番・別当薫を擁する慶應に善戦、惜しくも一対〇で敗れて二位にとどまったが、東大の大健闘が戦後まもない日本に話題をもたらした。

高校野球の動きはもっと素早かった。バーチャル高校野球のサイト（二〇一五年七月二十一日）には次の記述がある。

『「野球大会を復活しようじゃないですか」。敗戦が告げられた翌日の１９４５年8月16日、中断前の中等学校野球の大会副委員長だった佐伯達夫は、朝日新聞大阪本社を訪れて語った。佐伯は後に設立される日本高校野球連盟の会長を務める。

すべてが暗中模索。応対した元運動部長の渡辺文吉は「まだ考えも及ばぬことだった」と後年述懐した。文部省次官通達で41年7月に中止された夏の大会は、別の力学のもとで再開へと動き始めた。日本を占領した連合国軍総司令部（ＧＨＱ）の意向が作用した。』

終戦翌日に朝日新聞を訪ねた佐伯達夫の熱意にも頭が下がるが、それ以上に、野球が戦勝国アメリカの国技だったことは、何より野球の復活に大きな後押しとなった。

球音が日本列島に響き始めた。

そのざわめき、ときめきは、岐阜で荒れた日々を過ごしていた文雄にも確かに届いただろう。


（野球……）

全国各地から聞こえてくる野球再開のニュースに接して、文雄は戸惑いを隠せなかった。

岐阜商を中退したとき、野球への夢は捨てた。

自分から野球を捨てたのではなく、野球から自分は弾き出された。

戦争によって、野球の門は固く閉ざされた。

未練を残しても仕方がない。スッパリ、思いを断ち切ったはずだった。

東京の航空隊で、大阪・浪商で野球をやっていた捕手に会い、バッテリーを組んで一緒に飛行場で野球をしたことがあった。

理屈抜きに、爽快だった。

その時だけは、戦争を、そして死と直面する身の上を忘れることができた。

だが、それ以来、ボールは握っていない。

(どうしたら野球を忘れられるのか)

戦争が終わり、周りに野球があふれるようになると、むしろ文雄は胸を締めつけられた。

野球への強い思いがしばしば甦って、どうしようもない気持ちになる。

(野球がやりたい)

それを口に出すことは、できなかった。

(いまさらこの身体は野球に順応し、躍動してくれないだろう)

錆び付いているに違いない右腕から、もう一度、快速球を投じることはできないだろう。

野球に戻りたい気持ちより先に大きな不安が暗雲のように頭を支配し、重くのしかかった。

そして何より、

(一度はぐれた野球の輪に、どう戻ったらいいのか)

文雄は、野球との距離を途方もなく遠く感じた。

それでまた、柳ヶ瀬にケンカを求めて出かけるしかなかった。

文雄は後にときどき、

「オレは特攻から帰って、ずっと愚連隊をやっていた」

自嘲気味に語っていた。

しかし、十代の文雄と交流のあった杉山幹夫は、別の見方を教えてくれた。

「ふみは中等学校のころから、正義感の強い男だった。たとえ特攻から生きて帰って、気持ちが荒んでいたといっても、誰彼構わず、ケンカを売るような男じゃない。おそらくは……」

あのころは、街全体が貧困にあえぎ、食糧も生活物資も足りず、世の中もまた荒んでいた。理不尽がまかり通っていた。

「闇市で、法の網の目をくぐるというか、裏でうまく通じて、大儲けしている連中がいた。真面目に生きている人間からすれば、馬鹿馬鹿しい。だけど、誰も何も言い出せなかった。ふみは、そういう輩に我慢ができず、きっかけを作ってはボコボコにしていたんじゃないだろうか。正義感の強い男だったから」

## 運命の糸

幸か不幸か、文雄は生き延びた。

死ぬ機会はいくらでもあった。そのたび、何か大きな力に助けられ、文雄は命を与えられ続けた。

自分には一体、どんな運命、どんな使命を与えられているのか。何を成すために、これほどむごい経験をさせられ、そして、生かされているのか。

(それを知りたい)

文雄は心のどこかで、そう感じるようになった。

それを知るためには、自分の考えや意思などは捨ててしまおう。

そう考えるようになって、だいぶ気が楽になった。

(いつまでも、愚連隊を続けていられるわけでもない……)

少しずつ、特攻訓練で負った傷も癒されてきたのだろう。

実家の農業を自分も手伝うか?

そうも考えたが、ふたりの兄がいる。自分が家に入ったら迷惑だ。

(オレに何ができるのか?)

ぼんやりと、そんなことを考え始めたある日。

当てもなく町に出て、ぶらりと歩いているとき、すれ違った相手が、声をかけてきた。

「おう、ふみ、ふみじゃないか」

ケンカの餌食でないことはすぐわかった。言葉に温かさがあった。

足を止め、顔を見やると、岐阜商の先輩だった。

「愚連隊はもういいだろう」

短い言葉に胸を衝かれた。

「おふくろさんを、いつまで泣かせるつもりだ」

文雄の心を見透かすような一言。返す言葉がない。

何も言えず、唇をかみしめる文雄に、先輩は向こうへ歩きながら、言った。

「遠藤先輩を、訪ねたらどうだ」

(遠藤先輩……)

その名を聞いて、急に目の前がパッと明るくなった。

遠藤先輩とは、岐阜商の後援会長で、大日本土木株式会社の社長を務める大先輩の遠藤健三のことだ。後援会長というのは、正式な役職。もっと率直に表現すれば、いわば岐阜商のタニマチ。主力選手を自分の家に住み込ませて面倒を見るなど、岐阜商野球部に私財を惜しみなく投じ、損得抜きに応援し続けてきた大恩人だ。

大日本土木は、戦時中、地元岐阜にあった六つの会社を「戦時統合」でひとつにした会社だ。その成り立ちは、昭和六十年に記された「大日本土木株式会社企業紹介　当社の沿革」と題する資料に詳細がある。

『当社は、岐阜県において大正5年先代安田梅吉が設立の安田木材店、大正10年遠藤健三設立のエンド工務店、そして大正12年喜多福松設立の喜多工務店、この3店が母体となって太平洋戦争の最中、桑原木材、丹羽木材、ⓨ木材の3社が加わり、都合6社を企業統合して、昭和19年6月28日に資本金150万円（現在22億円）で大日本土木（株）として設立され、今年創立42年目を迎えました。』

この会社の社長を遠藤が任されたのは、遠藤が一九二四年ころから岐阜県の土木建築会の重鎮として活躍し、実績とリーダーシップを地域の人々が認めていたからだろう。

岐阜商の野球部出身者が召集を受けて出征するときには、必ず後援会長である遠藤に挨拶してから出るのが伝統、礼儀になっていた。

運命の糸に導かれるように、数日後、文雄は遠藤の会社、大日本土木を訪ねた。

社長室で、大先輩の遠藤が文雄を歓迎してくれた。

向かい合って座ると、遠藤の視線は自然と文雄の顔の傷に注がれた。

「特攻隊だったそうだな、大変ご苦労だった」

文雄は、「はい」と答えるのが精一杯だった。

「松井栄造、加藤三郎、近藤清……、みな惜しいことだった」

遠藤は、遠くを見る目で言った。

遠藤が名前を挙げた三人はいずれも、一九三六年(昭和十一年)夏の甲子園で岐阜商が初出場初優勝したときの主力選手だ。夏の全国制覇を成し遂げた九人のレギュラーのうち、五人までが戦争で若い命を落としていた。

すでに第一章でも紹介したとおり、松井栄造は一年のときからエース投手として活躍。一九三三年春のセンバツで全国大会初制覇を遂げた立役者だった。一九三五年、再びセンバツを制覇したときも松井が優勝投手だった。さらに、上級生になった松井はついに一九三六年、夏の大会でも、岐阜商を全国優勝に導いた。その松井栄造を浜松からスカウトし、自宅に住まわせて面倒を見たのが遠藤だった。

松井栄造は、岐阜の野球少年にとっては、憧れの英雄だった。

大きな縦のカーブは一メートルの落差があると言われ、「三尺」と呼ばれた。早稲田大学に進み、六大学野球でも活躍。早稲田を卒業後、社会人の強豪・藤倉電線に入社したがまもなく自ら志願して陸軍に入り、一九四三年五月、中国湖北省で敵の銃撃を受け、頭部貫通銃創《じゅうそう》で戦死した。享年二十四だった。

あれだけの大きな星が、戦争で命を落とし、本当にもう二度と野球界で輝くことができなくなった。

近藤清もまた早稲田大学に進んだ一人だった。岐阜商時代は遊撃手だったが、歴史に残る「最後の早慶戦」では三番左翼手を務めた。一九四五年四月に神風特攻隊員として出撃、沖縄で最期を遂げた。

彼らはみな、出征前に遠藤のもとを訪れてから戦地に赴いた。いずれも、愛する白球を荷物に忍ばせて行くのがいつしか伝統のようになっていた。

「このボールを悠久の大義にします」

悲壮な誓いの言葉。

祖国を守る一念をボールに託し、立派に務めを果たしてきます……、そう言い残して彼らは岐阜を後にし、そして戻らなかった。

「彼らは逝った。ふみ、お前は残った」

遠藤のつぶやきに、胸を抉られた。

脳裏に松井栄造の姿が浮かぶと、文雄はいたたまれない気持ちに沈んだ。

（自分のような、中等学校野球で何ひとつ実績のない人間が生き残った）

栄光の舞台から突き落とされ、暗転した先輩たち。

戦火で中等学校野球を奪われたが、真っ暗闇のトンネルを抜けて、いまこの世で呼吸している自分。なんと皮肉なことかと、身につまされた。

「お前が生かされた意味を考えろ」

遠藤が鋭い声で言った。

(生かされた意味?)

思わず目を上げ、遠藤を見た。

「ふみ、お前だって大会が中止にならなければ、松井と同じくらい、いやそれ以上に活躍したはずだ」

(できた? きっと、オレにもできたはずだ。だが、オレには戦う機会が与えられなかった)

岐阜商のグラウンドで、倒れる寸前まで白球を追っていた青春の日々が脳裏に去来した。

あきらめていた野球への思いが、ムクムクと心の奥で頭をもたげた。

「彼らの分まで、ふみが野球をやったらどうだ」

(やりたい、できることならやりたい、だけど……)

文雄と遠藤の視線が真っ直ぐに交わった。

短い沈黙。

(オレが野球をやる場所がありません)

そう叫びたい文雄の心を見透かすように、遠藤は静かに笑った。

「なければ作ればいいだけの話だ」

遠藤が目を輝かせた。そして、続けた。

「大日本土木で、都市対抗制覇を目指す野球チームを作ることになった。岐阜商のOBを集めて、強いチームにする。実はまだ選手が足りない。ふみ、一緒にやらないか」

思いがけない誘い。

二度とできないとあきらめていた野球が、突然、目の前に現れた。

「働きながら、野球ができる。給料もきっちり払うぞ」

「オレが、もう一度、野球を……」

「顔に大きな傷は作ったようだが、肩や肘は大丈夫なんだろ?」

遠藤が念を押した。

確かにその通りだ。不時着し、死にかけたときに顔面を強打し、気を失った。その時の傷痕が顔に残っている。だが、肩や肘は壊した覚えはない。

ただ、三年のブランクを思うと、自信がない。

「少し考えさせてください」

文雄の口から、素直な気持ちと裏腹の言葉が出た。

「まだ若い、二、三年の休みはすぐ取り戻せるさ」

遠藤はすべてお見通しのようだった。

「いま、ふみ、お前に何がある？」

「……」

「野球以外に、本当に生きていてよかったと言えるもの。お前が誰にも負けず恩返しできることがあるか」

（恩返し？）

文雄の中で、小さな考えが音を立てて砕け散り、それまで考えたことのなかった、新しい扉が開いた。

文雄が愚連隊と自嘲して荒んだ日々を送っている間、文雄の知らないところで、文雄を野球に再び誘う動きが起こっていたのだ。

（野球は自分のため、自分の満足のためにやるものだと思っていた。

これからは、誰かのために、世のため人のために野球をやりたい）

特攻から死ねずに戻ってから、初めて文雄は「生きがい」を、つまり「自分がこれから生きる意味」を見つけた。

巷には、並木路子、霧島昇の歌う《りんごの唄》が流れ始めていた。並木路子の明るい歌声が、敗戦でどん底まで落ちた日本中の人々に希望を与えた。

（歌が人々の心に明るい勇気を与えるように、野球で日本を奮い立たせることもきっとできる）

戦争直後の、物資もない、何かと自由が利かない世相の中で、遠藤以外の人物が言ったのなら、「このご時世で社会人チームなんて無理だ」と疑うところだろう。遠藤なら、やる。半端なことはしない。そういう説得力もあった。

何しろ、戦後しばらく経ち、巨人が黄金時代を迎えたころ、なかなか勝てなくなった岐阜商をどうしたら復活できるかと、岐阜を訪れた川上哲治監督に岐阜新聞の杉山幹夫が尋ねると、あの川上哲治がすぐに言ったという。

「第二の遠藤健三を作ることですね」

それほど遠藤は評価され、全国の野球関係者にその名を知られる存在だったのだ。

文雄がその遠藤から、白羽の矢を立てられた。

これも、ひとつの運命と言うべきだろう。

「いつまでも、暗い顔して悔やんでばかりじゃ、もったいないぞ」

遠藤が笑った。その通りだ。文雄はまだようやく二十歳になろうという若さだった。

「ありがとうございます。よろしくお願いします」

文雄は深々と頭を下げた。

野球が戻ってきた。

文雄の身体と心の中に野球が戻ってきた。

失っていた人間味、抑え続けていた素直な感情が、自分の中に再び流れ始める実感があった。

(もう一度、野球がやれる……)

ずっと失っていた肌の温もりが全身を包んだ。

文雄はやはり強運、幸運の持ち主なのか、野球の神様に愛されていたのか。

時代は文雄を野球へと誘った。

文雄も、その流れに逆らわなかった……。

## 第二の生命が誕生

自宅に戻り、母親に告げた。

「オレ、野球、やることになった」

母親がにっこりと笑った。

「遠藤さんが、大日本土木に誘ってくれた。働きながら、野球ができる」

文雄の手を取って、母ぎんが言った。

「よかった。よう我慢しなさった」

やわらかな温もり。だが、苦労の連続ですっかりかさついた母の両手が、文雄の心の奥底を震わせた。

自分ばかりが特攻で悲惨な苦しみを味わったとばかり思っていた。

（違う）

母もまた、父もまた、そして日本中の誰もがそれぞれに悲しみや苦しみの極限を味わったのだ。そして、生きているからこそ味わう切なさと向き合って、今日を生かされているのだ。

母親の思いに触れて、文雄の心を閉ざしていた固い鎧が、弾けるようにほどけた。

「もう一度、思いっきり、大好きな野球をやりなさい」

母の言葉に、涙が堰《せき》を切って流れ出した。

特攻隊でも、終戦のときも、流れなかった涙が、とめどなくあふれた。

文雄は、自宅を飛び出すと、木曽川に向かって駆け出していた。かつて、ランニングのために走っていた懐かしい土手を文雄は走った。失われた二年半がいまこの土手でつながった気がした。

（またやれる、また野球に戻れる）

涙があふれて止まらなかった。

人間の感情を取り戻した。それは、田中文雄の第二の生命が誕生した瞬間だった。

大日本土木は、期待以上の環境だった。

仕事もしたが、生活の中心はもちろん野球で、心置きなくブランクを埋める日々を重ねることができた。入団すると、エース候補には、愛知の享栄商で活躍した三歳年上の中原宏がいた。文雄は中原に次いで登板する二番手の役割だった。それがまた、焦らず、投球の感覚を取り戻す余裕となった。

岐阜商OBを中心とするチームのエースが名古屋の享栄商出身というのはなぜか、といぶかる人もいるだろうが、これには理由がある。中原の兄は岐阜中の野球部で活躍した。いまもそうだが、当時はもっと、岐阜中と岐阜商の対抗心は激しかった。岐阜の早慶戦と呼ばれ、何かにつけて張り合った。だから、中原弟が岐阜商に進むことは市内の雰囲気から許されず、「岐阜中に入らないなら遠くへ行け」と言われ、ちょうど誘いのあった私立・享栄商に進学したのだ。中原は、享栄商を卒業後、阪神タイガースに入団（一九四三年）したが、一年で召集されてプロ野球を離れた。終戦後、ソ連抑留から帰郷したとき、岐阜商ＯＢから「特別に参加してほしい」と誘われ、大日本土木に入った。

エースこそ享栄商出の中原だが、レギュラーの大半を強豪・岐阜商のＯＢを集めた大日本土木は、期待通りの強さを発揮した。

チーム発足一年目の一九四六年（昭和二十一年）、都市対抗野球に出場した大日本土木はエース中原が全試合に完投、初年度から全国優勝の快挙を遂げた。

優勝旗を持って東京から凱旋した大日本土木ナインは、進駐軍の車を借り、ユニフォーム姿でパレードを行った。岐阜市内のメインストリートは、優勝した選手たちを迎え、祝福する市民であふれ返った。

歓声に応えるナインの中には、もちろん文雄の姿もあった。

（オレがこんな華やかなパレードの車に……）

信じられない、夢ではないか、頰をつねって確かめたい気持ちだった。

つい一年ちょっと前、死ぬことだけが務めと言い聞かせ、空の上から飛び込む訓練を重ねていた。希望も未来もなかった文雄が、こうして野球のユニフォームに身を包み、人々の歓声を浴びている。

（野球に戻れた……）

大日本土木は、続く一九四七年の都市対抗にも優勝した。

エース中原はその活躍が認められ、翌年途中、南海ホークスに誘われてプロ入りした。代わってチームの大黒柱になったのは文雄だった。

だが、二年連続日本一を達成し、社会人野球はもうやりきったかな、そんな思いが芽生えていた。

ちょうどそのころ、時代はまたうねり、プロ野球界に激動が起こった。

それもまた、文雄の運命というのか、不思議な幸運の追い風に背中を押された。

# 第四章

# 自由を許す

## 近鉄の契約選手第一号

太平洋戦争が終わり、「民主主義」がアメリカから持ち込まれた。

戦火の前と後。戦争という暗黒の橋を渡って戦後にたどり着いた日本人ひとりひとりが直面していたのは、容易に解決できない心の葛藤《かっとう》だった。

「天皇陛下万歳」「お国のために」と教え込まれ、命を捧げた数年間がある。心の底に疑問や反発を覚えても、押し殺すしかない全体主義が徹底されていた。一個人が密かに抵抗し続けるには長すぎる年月があった。抵抗を断じて許さない検閲と断罪の体制もあった。

終戦を迎え、進駐軍の支配下に置かれて激変した。

目に見える街の変化、建物や仕組みはまだみんなで共有しやすい。

目に見えない心の中の迷い、戸惑いは、たとえ親しい家族であってもすべてを伝えにくいし、共有しにくい。いやそれ以前に、自分自身でさえ、心のひずみに気がつかない。

「自由だ」「思ったとおりの感情を口にしていい」と言われても、それを制約され続けてきた日本人には、〝心の自由〟はたやすい習慣ではなかった。

自由を、うまく自由にできない。

思ったとおり生きることへの、罪悪感のような気持ちにも束縛されて、伸びやかに生きられない。それが当時の日本人の多くが抱える切実な問題だった。

田中文雄もそうだった。

だから文雄は、自分で選ぶことを半ば放り出し、時代の流れになすがままになろうと考えていた。

その時代の流れは、文雄の方へ、文雄が思い切って活躍できる方向へと移りつつあった。

「職業野球」と発足当時は蔑まれ、東京六大学野球の人気に及ばなかったプロ野球も、戦後に入ると徐々にファンを増やした。白眼視する人も次第に少なくなった。

六大学の花形選手たちが続々と入団し、プロ野球のユニフォームを着て活躍すれば、野球ファンの心がプロ野球に寄り添うのは自然な成り行きだった。

そのような空気を反映し、プロ野球参入を目論む企業がいくつか現れた。真っ先に狼煙《のろし》を上げたのは、近畿日本鉄道だった。

《近鉄バファローズＶ１へのあゆみ　球団三十年史》（一九八〇年発行）に、こう記されている。

『昭和二十四年九月十六日付の新聞の片スミに、小さな記事がのった。

それは「近鉄プロチーム編成」という見出しで、次のような三行記事だった。

「近畿日本鉄道ではプロ野球チームを編成することになり、十四日、日本野球連盟に加入を申し込んだ」

このたった三行の新聞記事こそ、三十年前に近鉄バファローズのあげた産声の第一声だった。

それまで近鉄は、昭和二十一年日本野球連盟が再発足し、まだ近鉄と南海の両電鉄会社が統合されたままの近畿日本鉄道株式会社の時代に、近畿グレートリングというプロ野球球団を持っていたことがある。グレートリングは昭和二十一年の覇権を握った。だが、その翌年、統合の会社が近鉄と南海に分離し、そのさいグレートリングは南海に所属し、南海ホークスと名称も変わった。

近鉄は、プロ野球と、このようなかかわり合いを持っていたが、以後、二十四年九月十四日に加入の申請をするまで、プロ野球団を所有していなかった。

当時、関西の電鉄会社は、近鉄を除いて阪急、阪神、南海と、すべてプロ野球チームを持っていた。プロ野球は戦後の混乱した社会の一つの救いであった。二十三年南海ホークスが優勝し、やがて巨人による南海・別所投手引き抜き事件が起こり、二十四年秋には、戦後初のアメリカチーム「サンフランシスコ・シールス軍」が来日するとあって、プロ野球熱が高揚していた。

このような状況のなかで、近鉄社内にも「ウチもプロ球団を作ろうじゃないか」という機運が湧き起こっていた。

村上義一社長（当時）は、他の大手私鉄がそれぞれにプロ野球を動かしていること、会社の精神的統一媒体としてプロ野球チームを持つ意義、などを考慮して、二十四年九月、近鉄本社内に「プロ野球団設立委員会」を発足させたのだった。

（中略）

近鉄の申請を機に、日本のプロ野球界は空前の揺れ方をみせていくのである。近鉄の動きを待っていたように、九月二十日西鉄が、同二十二日には毎日新聞が相ついで連盟加入を申し出たからだ。

すでにリーグを結成していた八球団に、新たに三球団が名乗りをあげたのだ。日本野球連盟の正力松太郎総裁は、二十三年のころは「十球団構想」を持っていた。ところが二十四年春には「二リーグ制こそ発展の道」と構想を拡大していた。

ところが既存の球団は、既得権益の維持と、将来の経営への不安から、十球団制にも二リーグ制にも抵抗を示していた。

八球団に加えるに三球団の申し込み。そればかりではなかった。そのあと大洋、星野組、広島も加入の名乗りをあげたのだ。

近鉄としては、十球団制であるにしろ、二リーグ制であるにしろ、いったん加入を申し込んだ以上、なにがなんでも加入しなければ企業としての面目にかかわる、という立場に立った。

ここから、設立委員会の涙ぐましい奮戦が始まった。』

鉄道のほか、新聞各社の思惑も絡み、加盟承認はスムーズに進まなかった。それから約二カ月以上、もめにもめた末、十一月二十六日の会議で、日本野球連盟が分裂した。

翌二十七日、近鉄は新球団の毎日、西鉄、従来からある阪急、南海、大映、東急とともに、太平洋野球連盟（パシフィック・リーグ）を設立させ、晴れてプロ野球チームとしての一歩を踏み出した。

一方は、巨人、中日、太陽（のちの松竹）、阪神の四球団でセントラル・リーグを設立。これに大洋、広島などが加わった。

毎日、西鉄はノンプロ野球に基盤を持っていたため、選手集めも順調に進んだ。まったくゼロからスタートの近鉄は選手集め、監督の人選、球団の名称決定など、課題が山積だった。

そのころ、文雄は、大日本土木で転機を迎えていた。

先輩エース中原が、一九四八年（昭和二十三年）半ばで南海ホークスに入団。文雄はエースの座を担うことになった。都市対抗でも完封勝利を収めるなど、活躍は続いた。が、野球部が強くなり、特別扱いも目立つようになると、一般の社員から不満が上がり、野球部員の居心地は決してよくなかった。しかも、会社の業績の関係から、野球部の存続が怪しいという現実の中、文雄だけでなく主力選手の多くは社会人野球を続けることに疑問を感じ始めていた。

「仕事は午前だけ、練習は午後やれる。ありがたいけど、だから会社はオレたち野球部員に大事な仕事は任せてくれない」

「このまま会社にいても、出世はできないだろうな」

「それなら、いっそプロ野球に行って、勝負してみたい」

部員同士でそんな会話が交わされ始めた。文雄の中にも、

（もしチャンスがあるなら、プロ野球で勝負してみたい）

そんな気持ちが芽生えてきた。ちょうどそのころ、プロ野球に変革の嵐が吹き始めたの

だ。

二リーグ分裂、球団の新設は、文雄に思わぬ影響を与えた。

選手集めに奔走する近鉄が真っ先に声をかけたのが、田中文雄だった。

すでに大日本土木で四年間プレーし、十分な実績も重ね、戦争で野球から離れたブランクを乗り越えたことは自分自身に対しても実証していた。野球に自信を回復していた。新球団・近鉄の誘いを断る理由はなかった。

田中文雄は、近鉄と契約した選手第一号になった。

文雄はここでも、絶妙なタイミングで、プロ野球に導き入れられたのだ。

近鉄球団の愛称は、「球団名募集の懸賞」を行うなどして、「パールス」に決まった。真珠は、近鉄沿線・伊勢志摩の名産。当時、進駐軍の間で真珠が圧倒的な人気を誇っていたのも背景になったのだろう。

監督は、法政大学監督の藤田省三に決まった。全国高野連の佐伯達夫（のちの会長）に相談したところ、実兄で東京六大学野球連盟・佐伯昇会長を通じて藤田省三を紹介された。

藤田は厳しい練習で知られる監督だった。藤田の縁から、関根潤三をはじめ五人の選手が法政大から入団。立大のエース五井孝蔵らの入団も決まった。明大出身で大日本土木の四番を打っていたベテラン加藤春雄も主将として加わった。

近鉄パールス一年目の陣容を、スポーツニッポン新聞は次のように紹介している（《球団三十年史》より）。

『監督・背番号30　藤田省三（法大）41歳

兵庫県甲南中学の出身、法大当時は捕手、卒業後同校監督に就任。昭和十六年と、〝戦後〟二十三年に優勝をもたらす。近鉄のエース関根は子飼いの投手。新人の多いパールスにおける清新の監督ぶりは大いに期待される。

主将　27　加藤春雄（明大）32歳

岐商─明大─大日本土木と一貫して強打好守の外野手として令名高い。一昨年あたりからプロ入りの声があったが、家庭の事情で今回初めてパールスに加わった。球歴、人格、技術とも藤田監督の補佐役としてうってつけの選手。

投手　16　田中文雄（岐商）23歳

中原なきあと大日本土木のエースとして将来性が楽しまれていた。とくに昨夏の都市対抗では福島日東紡を四安打のシャットアウトに封じた。横手投げのカーブに時折混えるアウドロで打者を牛耳るあたり、プロの水になじめば大したものとなろう。

投手　19　関根潤三（法大）　22歳

日大三中から藤田監督の眼鏡にかなって法政入り。その後の活躍は、対シールス戦の好投をはじめ万人の知るところ、藤田監督の言では「関根はバッティングもいけますよ」と眼に入れても痛くないといった様子だが、やっぱり皆の望んでいるのは「サウスポー関根」としての活躍であり、同条件でプロでデビューするオリオンズの荒巻と比較対照する意味からも、関根こそ今シーズンのホープといっても過言ではなかろう。』

同期入団の関根は、文雄の親しい同僚となった。

お互い、生きてきた環境も性格も違うが、不思議とウマがあった。

関根が「ふみさんとは大の仲良しだった」と後に語っている。結婚した文雄の自宅もしばしば訪れていたし、遠征先では一緒に行動することが多かった。

六大学の花形選手だった関根は、マスコミとの付き合いにも慣れ、常に自然体で自分の気持ちを表現していた。それが文雄にとっては、生きた手本となった。

## 変則投手はふたりいらない

プロ野球入団一年目、田中文雄は、思いがけない試練と向き合うことになった。

「アンダースローは身体の負担が大きい。プロ野球で長くやるには、オーバースローの方がいいぞ」

藤田監督から、腕の位置を上げるように助言された。

命令には従うのが当然……。

文雄は、自分の持ち味を生かせるのはアンダースローだと思ったが、監督の指示に背けなかった。

文雄の心の中には、まだ自由はなかった。「民主主義」もなかった。本当はアンダースローで投げる以外には考えていなかった。それが、突然の監督の意向で転向を強いられた。文雄の希望や主張が入る余地はなかった。

特攻隊訓練とそれ以前からの「父親の教え」に縛られて、文雄はまだ「自分の素直な心」に従って生きる習慣を自己の中に確立できずにいた。

野球界が持っている光と影は、実はこの辺にも潜んでいる。

野球をはじめ日本のスポーツ界は、いまだ戦争以前の価値観を内在し、美化し、認め合い続ける困った組織でもある。文雄の人生に触れて、その現実をはっきりと悟った。華やかな勝利のドラマに彩られると、そうした危険な体質は美談にすりかわる。勝つことで、束縛も強制も「善」になってしまうからだ。

藤田監督が文雄にオーバースロー転向を命じたのが、本当に文雄のためを思ってのことだったのか。発足時の選手たちを眺めると、おそらく「チーム事情」も背景にあったと想像できる。

新卒・サウスポー関根への周囲の期待は大きかったが、先に紹介した藤田監督のコメントにもあるとおり、藤田は、関根の投手としての力量を見定めていたのではないか。「プロ野球では、投手よりも打者としての適性が高い」と。

関根は当面、投手陣の一角を担う大事な存在だが、大黒柱はほかに必要だ。その有力候補が、黒尾重明と沢藤光郎《みつろう》だ。黒尾は、投手陣でただひとりプロ野球経験があり、すでに実績もある右腕投手。沢藤は二十三年の全国大会で好投し、プロ野球のスカウトから注目を集めたサイドハンド投手だ。すでに三十歳、ベテランの域に入りつつある実績十分な投手だ。文雄がオーバースローへの転向を命じられた一因は、この沢藤の存在にあったかもしれない。

変則投手はふたりいらない、藤田監督がそう考えても不思議ではない。

入団時、沢藤がこう語っている。

「私はサイドスローで、プロ選手に少ないタイプなので、サイドスローの代表選手になりたい。インシュートを有効に使いたいと思っています。プロ野球のことは知りませんが、別当、大下というスケールの大きい人は決して怖くない。むしろコツコツ当ててくる方がうるさいと思っています」

文雄は、プロ野球選手になった喜びと責任感とで燃えていた。

ついに「野球で世のため人のために活躍できる」舞台にたどり着いた。

ところが、意外な横やりが入った。

せっかく活路を見出したアンダースローからオーバースローへの転向命令。それを拒むことのできなかった、自分の心の見えない束縛を恨んでも、仕方がない。

僚友になり、親友となった関根潤三を見ていると、自分もあんな風に屈託のない発想で生きたい、としばしば思った。関根は、プロ入り前から、記者のインタビューにもざっくばらんな答えをし、文雄を驚かせた。歯に衣着せぬ本音の対応は、現代でこそ珍しくないが、当時の日本人には習慣としてなかなか浸透していなかった。関根は自由で、心を縛られていない、と感じた。それが羨ましかった。

関根は法政大時代から藤田監督の直弟子だから、ある意味、文雄以上に藤田の命令に従順だったが、それでいて関根の中には、藤田の意向も時にはやわらかく受け流す、おおらかさがあった。

新生・近鉄パールスは、経験の浅い選手たちを中心に、苦難のスタートを切った。

多くの新球団は、既存の他チームから選手を引き抜かないという紳士協定を破り、できる限りの補強を敢行していた。毎日は阪神から大量に主力選手を移籍させ、「引き抜き事件」と問題になった。もっともこれは、見方を変えると「大脱走事件」とも言われている。

近鉄パールスは馬鹿正直に協定を遵守し、大学、社会人を中心に選手を集めた。一部プロ経験者もいたが、前年の成績が振るわなかったなどの事情で、前所属球団から問題なく移籍できる選手に限られていた。それだけではない。紳士協定が結ばれる以前、まだ自由に選手獲得ができた時期も、近鉄の選手補強はポリシーを欠き、ツメが甘かったと、球団自身が後に認めている。

球団が発行した《感動の軌跡　大阪近鉄バファローズ創立50周年記念誌》（二〇〇〇年発行）に、次のように記してある。

『近鉄は投手の黒尾を譲り受けたが、同時にこの時期同じ東急の大下弘、米川泰夫のほか中日の西沢道夫にも移籍の話を持ちかけた。大下はいうまでもなく日本を代表する左のホームランバッターであり、米川は横手からのクセ球に威力のある異色の右腕投手、また西沢も戦後打者に転向した右のスラッガーとして大下とホームランを競い合った実力者だ。大下は28歳、西沢は29歳の働き盛り。米川は23歳でプロ入りしたばかりの気鋭であった。リーグ分裂騒ぎの最中で、まだ統一契約書が発効されていなかった時代。本人さえその気ならなんの障害もなく獲得出来た。この3人に交渉を持ち了解を得るところまでこぎつけながら結局いずれも話はまとまらなかった。分裂時「他球団からの引き抜きは自粛」する申し合わせ以前のことだ。

これとは別に早大の攻守のカナメとしてそれこそ神宮のスターの一人だった蔭山和夫三塁手も、獲得寸前で最後のつめを欠き南海にさらわれている。

「蔭山を逃したことが藤田監督には最もこたえたようだ」と関根は代弁するが、残念だったのは藤田よりむしろ蔭山と親交の深かった関根のほうだろう。ともかくどの場合も原因は金銭的な面で折り合わなかったからだという。』

文雄が飛び込んだのは、このようにバックの援護が充分に期待できない「弱小球団」だった。

初めてチームに合流したとき、関根潤三は、

「所詮アマの集まり。これではダメだと思った」

そう感じた。

残念ながら、他球団との戦力差は歴然としていた。

## 自由を取り戻す旅

文雄は、プロ入り一年目の一九五〇年（昭和二十五年）、開幕から一軍ベンチに入り、登板の機会を与えられたが、失点が重なり、夏までひとつも勝てなかった。

合宿所に帰ると、夕食後、応接間の鏡の前でシャドーピッチングを重ねた。藤田監督が

熱心に助言をしてくれた。気がつくと、夜中の二時を過ぎる日もあった。だが、いくら練習を重ねても、慣れないオーバースローでは本来の力を発揮できず苦しんだ。上からの力勝負では、プロ野球の強打者には叶いそうもなかった。夜中までやればやるほど迷路にはまり込み、かえって混乱する。じりじりと、希望の見えない日々が続いた。

チームもまた、ひとつ勝ってもふたつ負ける。愉快に野球のできる日は少なかった。序盤から、新聞を開けば順位表の一番下に近鉄の名前がある。そこがすっかり定位置になってしまった。

(上からじゃ、力負けしてオレの良さが出せない)

夏が過ぎ、秋になるころ、文雄は決意した。

(アンダースローに戻そう)

それは、自分らしく生きようと考えた末の、選択だった。

そうするのが自然だと思った。

監督の意向に従えば、監督の期待に応えられるとは限らない。

下から投げると、打者との距離が操りやすい。

上からでは、できるだけ速いボールを投げ、大きく曲がるカーブか鋭いドロップでも投げないと、打者を打ち取れない気持ちになる。

オーバースローは、力で勝負するしかない感じがするが、下から投げると違う。

アンダースローは、良い意味で「遊び」のある投法だ。

速球にさほどのスピードがなくても、ブレーキの効いたカーブ、浮いたり沈んだりするスライダー、右打者の膝下に沈むシンカーで打者を翻弄できる。

（打者との間合いを制しやすい）

と、文雄は感じていた。打者を思いどおりに翻弄する感覚は、顔にこそ出さないが、楽しくてたまらない。何しろ、当たれば一発でスタンドに運ぶ怪力打者が、おかしいくらいタイミングを外され、困った顔でバットを握り直す。そんな芸当ができるのは、アンダースロー投手ならではの特権だ。

心に遊びがある。いたずらっぽい喜びがある。

だからこそ、都市対抗でも全国の強豪チームの主力打者たちを抑えて勝つことができた。ひとつひとつの持ち球を磨くのも大事だが、それ以上に、押したり引いたり、打者との距離感を前後に操る醍醐味がある。

文雄はその感覚と勝負が好きだった。そして、球威以上に、そういう才能に長けていると自覚していた。それだけに、オーバースロー転向は、羽根をもがれた鳥のような気分だった。

「アンダースローで行かせてください」

文雄は、藤田監督に直訴した。藤田は腕を組み、難しい顔をした後、「ダメだ」と首を振った。一度命じた方針をそう簡単に変えることは、監督のプライドが許さなかったのだろう。下手投げに変えることを文雄の逃げ口上、監督への反抗と受け取ったのか。あるいは、上からの投球に文雄の未来を描いていたのか。

やむなく一度、文雄は引き下がった。

だが、オーバースローでは活路が見出せない。投手をやめた方がマシだ、とさえ思った。試合でも結果は出なかった。再び、藤田監督に訴えた。

「下から投げさせてください。それが自分の生きる道です」

監督は苦虫をかみつぶした顔で、そっぽを向き、

「勝手にしろ」

小さくつぶやいた。

「ありがとうございます！」

文雄の心が、「自由を取り戻す旅」の一歩を踏み出した。

アンダースローに戻ると、文雄は故郷に帰った気分になった。マウンドに立つ自分が、マウンドの空間とピタッと一体になっている居心地の良さを感じた。打者を見る風景が全

然違う。

表情にこそ出さないポーカーフェイスが文雄の売り物だが、内面は遊び心でときめいていた。

アンダースローに転向して最初の試合は、九月二十三日の大映スターズ戦。相手の先発投手は、戦前、巨人で活躍したあのスタルヒンだった。文雄は水を得た魚のように、快調なピッチングを重ねた。スタルヒンに投げ勝ち、ついにアンダースローでプロ入り初勝利をものにした。

それは、文雄が自分らしく、自由な心を遊ばせて生きる、狼煙でもあった。

その年こそ二勝三敗に終わったが、本来のアンダースローに戻り、次のシーズンに向けて、文雄は大きな手応えを持って一年目を終えた。

近鉄は参入初年度の一九五〇年（昭和二十五年）、百二十試合を四十四勝七十二敗四分、勝率三割七分九厘で最下位だった。

優勝した毎日オリオンズとは三十七・五ゲーム差。二位南海、三位大映、四位阪急、五位西鉄、六位東急、そして七位近鉄と続く。六位の東急にさえ五ゲームの差をつけられた。チーム打率はリーグ最下位の二割四分二厘。チーム防御率は五位。完投数は七十試合でリーグトップだから投手はまずまず奮闘したが、打線の援護が足りなかった。

この年のパ・リーグの個人成績を見ると、近鉄があと一歩で獲得を果たせなかった大下弘（東急）が首位打者。米川泰夫（東急）が最多奪三振王に輝いている。西沢道夫（中日）は打率・三割一分一厘、打撃ベストテンこそ十位だが、ホームランを四十六本も打っている。小鶴誠の五十一本に及ばずタイトルは逃したが、これら三選手が近鉄入りしていれば、球団の歴史は大きく変わっていた可能性がある。

二年目の一九五一年、文雄はアンダースローで十五勝十五敗、三完封、無四球試合一。一躍、エースと呼ばれる存在になった。

前年に続いて最下位に沈んだ近鉄の勝ち星は三十七。半数近くを文雄が稼いだ計算になる。打線の援護があれば、勝ち星の数はもっと増えていただろう。

三年目は九勝十八敗。四年目は四勝十五敗と足踏みしたが、五年目に大きな花を咲かせる。監督は藤田省三から芥田《あくた》武夫に代わっていた。

一九五四年（昭和二十九年）、四十七試合に登板し、二十六勝十五敗。南海ホークスの宅《たく》和本司《わもとじ》とともに、最多勝投手に輝いた。

この年、近鉄パールスはついに四年連続最下位の汚名を払拭《ふっしょく》し、高橋ユニオンズを加えて八球団になったパ・リーグで四位に食い込んだ。文雄の大車輪の活躍が要因だったのは言うまでもない。

その時は案外わからないものだが、後年になってそれぞれの野球人生の全体が見えると、どんな軌跡が幸せな道筋なのか、様々な感慨に突き当たる。早熟あり、短期間で活躍の終わる選手もあり、下積みの末に開花する才能もある。

大日本土木のころ、エースとして二年連続優勝の中軸を担ったのは先輩・中原宏だった。一年目は中原が全試合に完投。獅子奮迅の活躍で大日本土木に初優勝をもたらした。文雄は二年目にリリーフのマウンドに立つなどしたが、一九四九年（昭和二十四年）の決勝には九番ライトで先発出場し、二打数二安打の活躍で勝利に貢献している。いわばラッキーボーイ、あくまでエース中原の脇役だった。二年連続優勝投手の中原は、騒がれた末に南海に入った。

中原は一年目、二年目はそれぞれ十三勝を挙げ、南海ホークスの柱となった。が、七年を経て、すでに下降線にあった。近鉄パールスのエースとして、プロ野球人気の一角を支えているのは、あのころ二番手で脇役だった田中文雄だ。投手としてどの時期に「花の盛り」を迎えるか、どれくらいの期間、盛りが続くのか、人それぞれで大きく違う現実が後になるとわかる。

その意味で、まだ十七歳、十八歳でしかない高校生に過剰な光を当てる現代の高校野球は、かなりいびつな伝統と言えるだろう。

見る者にはたまらない〝刹那のドラマ〟でも、当の高校生たちには勘違いをもたらす元凶になる。硬式野球はある程度の重さのあるボールを扱うだけに、二十歳を過ぎてから選手としてのピークを迎える競技だ。一部早熟な選手を除いて、大半の選手は、十代はまだ成長途上で、成熟期を迎える年齢ではない。早い選手で二十代の前半、多くは二十代後半から三十代半ばにかけて最高のパフォーマンスを体現する。

十代にピークを設定し、目標の焦点を絞りすぎると、本来の成長曲線を疎外する恐れがある。

十代はまだ入り口。二十代、三十代に向けてじっくりと山を登る展望がふさわしい。十代の高校生が、甲子園出場のために無理をして、本当の潜在能力を発揮する前に心身を傷めてしまう例は多い。

高校球界は、真剣に高校野球の見直しを図るべきだろう。

ひと握りのスター選手を作り、大会を盛り上げることが高校野球の目的ではないはずだ。

巨大化し、改革不能の絶対真理のようになった甲子園の伝統は、日本の野球界に実際には重い影、深刻な悪影響をもたらしている。それを指摘すること、改善を提言することがはばかられる空気が根強い。

甲子園の星たちが、必ずしもプロ野球で長く活躍していない。

もっと大人たちが自戒して、根本的な変革をプレゼントすべきではないだろうか。大人たちは、自分たちの興奮のためあるいは商売のため、高校野球人気に安易に乗っかり続けている罪と誤りに気づくべきだ。

私見だが、ひとつ発展的な提案をしよう。

郷土意識を喚起する野球大会がこれだけ人々の心をかきたてるならば、その主役は高校生であるより、高校生を含めた大人たちであってもよいだろう。

各都道府県の代表がトーナメントで戦う全日本選手権を秋から晩秋にかけて開催する。秋までは十二球団に所属するプロ野球選手も各都道府県の代表チームに参加して、日本一を争う。社会人になっても真剣に、地元で野球に取り組む環境ができれば、高校三年を頂点として、野球から早々に引退するいびつな選手人口ピラミッドも改善できる。

高校生はリーグ戦形式や対抗戦形式で、勝負の厳しさを追求しながら、もっと伸び伸びと野球を楽しみ、経験を積む舞台を増やす方向性を夢想する。三年間、一度もチームのユニフォームを着て試合に出ることのない部員など、いたらおかしい。部員全員が大会に出場できる智恵も出し合って当然だろう。

文雄の人生の旅路、心の揺れは、現在の野球界を見つめ直す上でも、無言の示唆に富んでいる。

## この女性と所帯を持ちたい

最多勝に輝いた年のオフ、田中文雄はもうひとつ、人生の大きな節目を迎えた。

京都に住む女性と結婚し、婿養子になったのだ。

プロ入りしてから、文雄の人生は、近鉄パールスで出会った仲間たちや先輩たちに大きく支えられている。その後の人生を決定づける結婚もまた、先輩たちにもたらされたものだ。

順を追って、話の進展を伝えよう。

近鉄パールスに、武智修という主にショートを守る先輩がいた。

文雄はある日、武智修に誘われた。

「オレと同じ松山出身の社長さんが京都にいて、会う度に、もう食えないほどステーキを食べさせてくれる。今日、これから一緒に行かないか」

満腹のステーキはもちろん魅力だ。文雄は誘われるまま、武智修と京都に行った。ご馳走してくれたのは、西陣織産という、西陣織のネクタイ専門会社の武智克信社長だった。

それからは、文雄が仲間を誘ってしばしば武智社長の自宅を訪れた。同期入団の関根潤三投手、同い年の根本陸夫捕手、先輩の黒尾投手らを誘うことが多かった。

武智家には、京都精華女子高に通う、一人娘の由香里がいた。ときおり出入りするプロ野球選手の中で、由香里は田中文雄投手に目を留めた。ふたりは互いに好意を認め合い、結婚を意識するようになった。というより、最初に文雄に惚れ込んだのは、由香里の父親、つまり武智克信社長だったという証言もある。どうやら、由香里の結婚相手と見初めて武智修に仲立ちを頼んだらしい。父の思惑通りにことが運んだと言うわけだ。文雄は田中家の三男。婿入りに支障はない。武智家に婿養子に入る形で、文雄と由香里の結婚が決まった。

由香里が京都精華女子高を卒業した一九五四年（昭和二十九年）のオフ、結婚式は十二月一日に行われた。

直後の繊維業界紙には、ほぼ一面全部を使って、ふたりの結婚式の様子と、会社の紹介がされている。

『凡才を誇る武智社長　人間味豊かな床しい人格』のタイトルとともに武智克信社長の顔写真が掲載され、会社の様子が次のように綴られている。


『同社が現在の店舗を本社としてネクタイの卸売販売を開始したのは去る昭和二十四年の末であり、現在の社長武智克信氏が西陣において個人経営を行っていたものを法人組織としてスタートしたもので、ネクタイ業者としての歴史は浅いが元来繊維畑で育って来ただけに織や柄、色調その他の繊維に関する知識は一通り身につけており、それだけに同業者と互角の立場で堂々社長の絶えざる研究心が独創的なネクタイの新作に精力を示して社業の発展に有形無形の力をなして来たのである。

（中略）

五周年と言えば極めて簡単のようであるが僅か五年間に新設会社の基礎を築き上げるということは決して並大抵のものではない。』

結婚式に出席した近鉄・芥田武夫監督のメッセージも新聞に載っている。

『田中君はアンダースローの投手として活躍し今シーズンは二十六勝の最多勝利投手の栄冠を獲ちえた。アンダースローは現在の日本球界では威力を持つ球質となっているから極めて有利なピッチングといわなければならない。幸いに身長五尺八寸体重二十貫に近い恵まれた体格があり特殊な球質を活かす頭も出来ているので同君の投手としての生命もまだまだ前途要望なものがあると思う。』

田中文雄は、西陣織のネクタイを製造販売する会社の社長令嬢の婿になった。いずれは会社を継ぐ立場。そして、一九五五年（昭和三十年）のシーズンからは「武智文雄」の名前でマウンドに上がることになった。

結婚は、文雄にとってもちろん大きな出来事だった。

（いずれ家庭を持ちたい）

それは、心の奥でひそかに願っていた人生最大の夢だった。

予科練を志願し、故郷を後にしたのは十六歳の秋だった。特攻隊に配属され、訓練を積むうち、自分は野球を失っただけでなく、人並みに結婚し、子どもをもうけ、夫となり父となり家庭を築く未来もないとあきらめた。

若かったため、その重さがまだピンと来なかったが、九死に一生を得て復員し、平和な時代を生きる日々が当たり前になると、十六歳の決断がなんと浅はかなものだったかと、ゾッとすることがときどきあった。

（あのまま死んでいたら、自分の命は何だったのか）

持って生まれた能力も可能性も、桜花とともに砕け散り、海の藻屑と消えたなら、すべてそれまでだった。父母から受け継ぎ、天から与えられた田中文雄という生命の輝きを何ひとつ咲かせないまま、無惨に死んでゆくところだった。

種には間違いなく花が咲く可能性が秘められている。自分がどんな花の種なのか、あのときは知らなかった。

何も知らなかった恐ろしさに、文雄は後になって身震いするのだ。知らなかったから、「勇気ある決断」ができた。無知な若者に、そのような理不尽を強いる風潮が世間に蔓延していた。そんな理不尽がなぜ許されていたのか。口にこそ出さないが、激しい憤《いきどお》りが文雄の中にはあった。憤りは、平和が身の回りに定着し、平和な日々を暮らせば暮らすほど、心の奥にへばりつき、根強くなった。実際に、

（死んで行った仲間たちがいる）

普段は計り知れない文雄の真の心根を垣間見た人がいる。

先に紹介した、大阪ＡＢＣ放送の太田元治アナウンサーだ。ずっと後年の話になるが、ここで紹介しよう。

「一九七九年（昭和五十四年）、近鉄が球団創設三十年目で初優勝して広島との日本シリーズを戦ったときの話です。

私たちは実況中継のため広島に行きました。夜、解説者の方々と食事をした後、当時流行し始めていたカラオケに行きました。解説者のひとりが、鶴田浩二さんの『若鷲の歌』を選んだのです。予科練の歌です。前奏が鳴り始めると、それまで愉快に過ごしていた武智さんが、急に声を上げて泣き始めたのです。それはもう、感情を表に出さないクールな武智さんからは想像もできない嗚咽……。別人のように号泣する武智さんに、一緒にいた我々は言葉を失いました」

小さなモニター画面に、特攻機が離陸する風景が映し出されていた。白黒の記録映像。戦後生まれの太田らスタッフには、ときどき目にする『歴史的な映像』にすぎないが、その飛行機に乗っていた当事者には、正視できない「死への旅立ち」そのものだったのだろう。

『若い血潮の予科錬の
七つ釦《ぼたん》は　桜に錨《いかり》
今日も飛ぶ飛ぶ　霞ヶ浦にゃ
でっかい希望の雲が湧く』

『若鷲の歌』は別名『予科練の歌』と呼ばれる。一九四三年、戦意を高揚するために作られた映画『決戦の大空へ』の主題歌で、西條八十作詞、古関裕而作曲。戦後になって、自らも終戦まで海軍航空隊にいた鶴田浩二が歌ったものだ。

同じく有名な歌に『同期の桜』（帖佐裕編詞・大村能章作曲）がある。この曲は、神雷部隊の愛唱歌でもあり、桜花隊の宿舎で隊員たちが声を上げて歌ったという。その五番の歌詞にはこうある。

『貴様と俺とは　同期の桜
離れ離れに　散ろうとも
花の都の　靖国神社

春の梢に　咲いて会おう』

神雷部隊の隊員たちは、靖国神社の桜花となってまた会おうと約束して、それぞれ出陣した。戦後、幸運にも生還した者たちは、亡くなった仲間への鎮魂を込めて靖国神社にソメイヨシノを奉納した。「神雷桜」と呼ばれるその樹は、東京の開花予想の標準木として知られていた。神雷部隊の隊員だった者にとって、その桜にも、その歌にも、特別な思いが秘められている。


文雄は、白黒画面を見るとはなしに見てつぶやいた。

「こうやって、みんな出て行ったんや。みんな死んでいったんや」

絞り出すような声、文雄ははばからずに泣き続けた。

生き残ったものの悔恨《かいこん》、申し訳ない思い、言葉にできない感情は三十年以上の月日が過ぎても消えなかったのだ。

苦渋の思いを、心の中でどう整理し、今日を生きる平静さをどうたぐり寄せたのか、推し量ることはできない。

文雄は生かされた。

生かされたからには、懸命に生きなければならない。結婚は、野球以上に大切な人生の選択。一大事であることを、一度は命を捨てた身だからこそ、切実に感じた。

文雄は、由香里の可愛らしさ、やさしさに心を奪われた。

(この女性と所帯を持ちたい)

素直な感情が会う毎に深まった。

由香里もまた、自分に好意を抱いてくれた喜びも加わって、ごく自然にふたりは結ばれた。

文雄、二十八歳の秋。

不安定なプロ野球選手、それだけに結婚に向けて期するところもあったのだろう。二十六勝という立派な記録で最多勝投手に輝いたことも、文雄の決断に勇気を与えた。

由香里との結婚を自然に受け入れたのは、復員から九年が経ち、文雄が「自由」を自分の中に育て始めた証だったかもしれない。文雄は戦後、野球の道に再び歩み出したときから、信頼できる周囲の勧めを断らず、流れを受け入れて生きて来た。結婚も同じだ。

自分で極端な選択をしない、流れるままに生きる。

そして、その選択に正解の証明を与え、自然体の生き方に確信と自信を注いだのは常に、文雄自身の努力と実践だった。

自分の家庭を持った。

それは特別な意味を持っていた。文雄は十六歳の秋に故郷を出てからずっと、自分が還る本当の家を持っていなかった。

それが心の中の隙のような思いと繋がっていた。心にすきま風が吹く、言葉にできない喪失感がずっと拭えなかった。

野球は、独特なルールと基本哲学を持つボールゲームだ。

案外忘れられがちだが、他の球技とは目的がまったく違う。

多くの球技は、ボールが主体となって得点が入る。サッカーなら、ボールがゴールに入れば得点が認められる。バスケットボールはリングにボールが入って得点になる。バレーボールは、相手コートにボールが落ちれば得点だし、コートを外れれば失点になる。テニスも同様だ。ところが、野球は違う。打者が生きて、走者となり、一塁、二塁、三塁と進んで本塁に還ってきたら得点になる。走者がホームベースを踏んだとき、ボールがどこにあるかは関係がない。送球より先にホーム（家）に生還すれば得点だ。

《野球（ベースボール）、生きてわが家（ホーム）に還るスポーツ。》

最後の早慶戦を描いた映画『ラストゲーム　最後の早慶戦』（神山征二郎監督　シネカノン）はまさにそのメッセージで始まる。一九四三年（昭和十八年）十月十六日、学徒出陣の直前に行われたこの試合は、文雄が野球をあきらめ、予科練に志願した時期と重なっている。

野球とは、生きてわが家に還るゲーム。

文雄はずっと、還るべき家を探し求めていた。

由香里と結婚し、ようやく《還る家》を持つことができた。

# 第五章

# 完全試合

## 新婚一年目のジンクス

一九五五年（昭和三十年）六月十九日。

ごく普通の一日が始まった。

武智文雄にとっても、いつもと変わりない朝だった。

この日は大阪球場で、大映スターズとのダブルヘッダーが予定されている。

空を見上げて、

（二試合できるかな）

案じたのはそれだった。文雄はこの日、二試合目の先発投手を任されていた。

すでに雨で登板予定が二日も延びていた。休養も十分。しかも相性のいい大映が相手だから、

（できるといいな）

無意識に左手で右肘をさすりながら、祈った。

このシーズン、武智文雄は苦しい序盤戦を過ごしていた。

前年は二十六勝を挙げ、最多勝投手の栄冠を獲た。四十七試合に登板、三百七回三分の

一を投げ、二十三試合に完投した疲れのためだろうか。思うようにボールが走ってくれなかった。

周囲は、「新婚一年目のジンクス」を心配した。

文雄は、それは関係ないと思ったが、周囲に言われたら言い訳のしようがない。

(妻の由香里に申し訳ない)

ジリジリする悔しさが、胸の奥にたまる一方だった。

つまずきの元は開幕緒戦だった。好投しながら逆転負けを喫し、白星を挙げそこなった。

それから黒星が続いた。

エースの責任感もあり、懸命に復調の道を探った。五月に入ると、休日には二軍の練習に参加した。青池二軍監督、そして、信頼する根本陸夫の助言を仰いだ。根本とは同い年、同期入団で気が合った。心置きなく話のできる親しい仲間のひとりだった。

「腰の開きが早いぞ」

「重心の置き方がずれていないか」

文雄の好調時のフォームを熟知している二人は、文雄本来のフォームを取り戻す気づきを与えようと、一緒に取り組んでくれた。

走り込み、投げ込み、次第に文雄の表情が明るさを取り戻した。

六月に入ると、文雄のピッチングは明らかに復調を感じさせた。七日に行われた西宮球場の阪急戦では、四回まで一安打に抑え、阪急の若きエース梶本と投手戦を演じた。五回裏、三盗を決められた後、センター前に運ばれ、先制点を奪われた。七回には、バント処理の悪送球がふたつも続くなど、味方の守備の乱れで三点を奪われ敗戦投手になったが、アンダースローからのシュート、カーブは本来の切れ味を取り戻し、打者を翻弄できるようになった。

上り調子、それだけに、今日の大映戦はどうしても投げたかった。

夕方五時に始まった第一試合は関根潤三が先発し、九安打を許しながらも要所を締め、四対〇で退けた。関根はこれで八勝五敗となった。続く第二試合は、七時二十三分のプレーボール。

一回表、先発の武智文雄が、大映の先頭打者・高野を2－2からの六球目で三振に取って幕を開けた。

試合開始時、大阪球場のダイヤモンドには薄く靄《もや》がかかっていた。午後八時の気温二十二・五度、湿度八十八パーセント。雨こそ降っていなかったが、いかにも梅雨時の鬱陶《うっとう》しい気候だった。

(今日はボールがしっとりして、指によくかかる)

高い湿気が文雄には好都合だった。

下手《したて》からのシュートは、中指と人差し指でボールの上面を撫《な》でるような感じで送り出す。指とボールが乾いていると、すっぽ抜けてうまく回転がかからない。この日のしっとり感は、心地よかった。ボールを離す瞬間、スッと手首を横に捻ってボールを切るとき、上手い具合に指がかかって鋭く回転する。切れ味よくボールが沈んだ。投げやすいから、コントロールも絶妙に調整できた。

二番滝田はセカンドフライ、三番坂本はショートゴロ、いずれも二球で簡単に打ち取り、初回は九球で終えた。

二回表は四番二宮を三振。五番菅原をショートフライ、六番川本をショートゴロでまた三者凡退。

三回表は七番杉山をセカンドゴロ、八番山田をライトフライ、九番高松もライトフライ。わずか七球で斬って取った。

カーブとシュートが面白いように冴え、落ちる球も打者をてこずらせた。

大映の先発投手・高松も好調で、お互いに点が取れない。四回まで〇対〇、テンポの良い投手戦となった。

（まだひとりもランナーを出していない）

文雄が気づいたのは、五回表も三者凡退に抑えた時だった。
まだ「できる」とは思わなかった。
完全試合。日本のプロ野球では、ちょうど五年前の一九五〇年（昭和二十五年）六月二十八日、巨人の藤本英雄が一度記録したきりの、投手にとっては「夢の記録」だ。

文雄が完全試合を達成した試合に出場した選手たちは、当時の若手選手でもいま八十代前半になっている。当時ベテランだった選手は九十歳を超える。消息を尋ねると、すでに他界した選手も多かった。健在でも体調を崩し、取材に応じてもらえない選手がほとんどだった。文雄自身、亡くなっている。その試合の貴重な証言者となってくれたのは、武智の女房役として完全試合を支えた原勝彦捕手だった。

原勝彦は、一九四七年夏、その名前では最後となった全国中等学校優勝野球大会に小倉中学の捕手として出場し、優勝。九州勢の大会制覇はこれが初めてで、「真紅の大優勝旗が初めて九州に渡った」と話題になった。このとき原は中学五年生。翌一九四八年夏、大会は、学制改革によって全国高等学校野球選手権大会に名前が変わった。原は、新制小倉高校の三年生として出場。またしても優勝を遂げ、連覇の一翼を担った。投手はアンダースローの福嶋一雄。のちに早大に進み、社会人野球の八幡製鉄で二度の都市対抗優勝に貢献するなど活躍した名投手。一九四九年夏、三連覇を果たせず敗退したとき、「最初に甲子園の土を持ち帰った選手」として歴史に名を刻んでいる球児でもある。福島は、二〇一三年（平成二十五年）に野球殿堂入りしている（特別表彰）。

「中学、高校時代、同じアンダースローの福嶋投手とバッテリーを組んだ経験が、近鉄パールスでも生きました。なにしろ、昭和二十三年の夏は、予選で一点取られただけ。甲子園では五試合すべて完封。無失点で優勝しました。福嶋は時折、スリークォーターからも投げましたが、球速は決して速くない。剛球投手ではありません。工夫して、アンダースローになり、コンビネーションで打者を打ちとるタイプでした」

今年八十七歳を迎えた原勝彦は、しっかりした口調で答えてくれた。

原が甲子園での快挙・快投を支えた福嶋一雄投手と、やはりアンダースローから変化球を駆使して打者を翻弄する武智文雄投手の姿が脳裏でオーバーラップする。

明治大学に進み、神宮球場の六大学野球で活躍したあと、一年だけ社会人野球を経験してから原は、一九五四年に近鉄パールスに入団する。

「小倉高校の恩師が、住友金属小倉製鉄所の野球部監督になっていて誘われたのです。恩義もありますし、まずはそこに入社しました。けれど、当時はとにかく貧しい時代です。私の父は元軍人で公職追放になっていましたから、私が弟の学費や家族の生活費を稼ぐ必要がありました。プロ野球から誘われて、百万円単位の契約金をちらつかせられたら、やはりそちらに気持ちが動きます。当時、大学初任給が月七千円でした。その額では家族を支えきれません。西鉄からも声がかかりましたが、地元より大阪に出ようと考えて、近鉄パールスに入ったのです」

原がプロ入りした一九五四年は、文雄が二十六勝を挙げ、南海・宅和本司とともに最多勝投手に輝いた年だ。原は一年目から一軍に入り、九十二試合に出場した。五十安打、一ホームランを記録している。シーズン後半からは先輩捕手・多田文久三《ふくぞう》に代わって、正捕手となった。

翌一九五五年、原がほぼ全試合でマスクをかぶるようになったシーズン当初、文雄は原因のわからない不振にあえいでいた。

「武智さんはもともと剛球投手ではありませんから、前の年より球威が落ちたとか、変化球のキレが悪いとか、そういう理由ではありませんでした。結婚したからだと言われて、武智さんもずいぶん苦しんでおられました」

不振打開には投げ込みしかない、と覚悟を決めた文雄が、原に頼んで、雨の中でずぶ濡れになりながらピッチングを重ねたという逸話がある。雨天練習場などない時代のこと、雨でも投げたければ、外でやるしかない。

「職業野球時代からおられるベテランはそうでもありませんでしたが、武智さんや関根さんら若い選手たちは練習熱心でした。武智さんと雨の中でやったこともあります。捕手ですから、投げると言われたら付き合うのは当然です」

そして、運命の六月十九日を迎える。

五回裏、近鉄打線が均衡を破った。

小玉がピッチャー強襲ヒットで出塁すると、山本が犠打で送り、戸口のセカンドゴロで三塁に進塁。二死三塁の場面で打席に立ったのは原だった。

「まだ五回ですから、記録のことは意識していませんでした。私は近鉄パールスに入ってすぐ、頭にデッドボールを受けて、それから内角球が怖くなったので、もっぱらライトヒッターでした。打率はせいぜい二割一分程度。投手をリードするのが仕事、それが私の武器やと思ってやっていました。でも、あの時は結果的に、私の打ったヒットで一点入って、記録に貢献できたわけです。決して、会心の当たりではありませんでした。バットの根っこに当たった打球が、ショートの頭を越えて、センター前に落ちました」

ショート後方の小フライがテキサスヒットになって、近鉄は一点を先取した。

これで条件は整った。投手が無安打に抑えても、味方が得点できず、延長戦で記録が途切れることもある。その心配はこれでなくなった。一点リードして、文雄は記録を少し意識し始めた。

六回表。だいたい、「意識すると記録が破れる」と言われる。文雄自身が人知れずパーフェクトを意識した直後、先頭の杉山の打球が、奇しくも文雄のすぐ右側を抜いて行った。

（しまった）

一瞬の隙を突かれた……。

観念して振り向くと、ショートの戸口が、難なくこの打球をさばいて一塁送球、アウトに仕留めた。左打者の杉山を迎えて、予め二塁寄りに守備位置を変えるよう、投球前に文雄と戸口は目と目で会話していた。

（これは大きい！）

「ナイスプレー！」

思わず戸口に声をかけた。戸口は、笑顔で手を軽く上げた。

普通の守備位置に立っていたなら、間違いなくセンターに抜けていた当たり。事前のひらめきが、完全試合の夢をつないだ。

（パーフェクトゲームができるかもしれない）

文雄が本気で意識したのは、そして、記録達成の野心のようなものを抱いたのはこの時だった。

　ヒットが凡打になった。

　このファインプレーをきっかけに、球場は少しずつざわめき始めた。まだ大映がひとりも走者を出していない。つまり、武智文雄投手が「完全試合」の望みをつないで投げていることを次第に観客たちが気づき始めたのだ。

　文雄は、バックのファインプレーに助けられた後、後続を三者連続三振に取って、悠々とベンチに引き上げた。六回を終わって投球数は六十七球。普段は後半のスタミナに課題を残す文雄だが、腕も身体もまったく疲れを感じなかった。

　ダッグアウトに入ろうとするとき、スタンドの観客のひとりが大声で叫んだ。

「おい武智、まだひとりもランナーを出していないぞ！」

　この声で、近鉄ベンチも武智文雄の完全試合を意識するようになった。

　近鉄ナインに緊張が走った。

　ノーヒットノーランなら、「文雄、がんばれよ！」と投手を激励できる。

　だが完全試合となると、投手だけの緊張ではない。

　エラーも許されない。凡打をエラーしてしまえば、野手の責任で大記録が断たれる。野手にとっても、完全試合は身体がガチガチになるほど緊張するという。まさに、近鉄ナインは経験したことのない、異様な緊張に身体を縛られ始めていた。

当の文雄は、それほどの緊張を感じなかった。それは、桜花特攻隊で修羅場をくぐった経験のお蔭なのか。

（野球で命を取られる心配はない……）

この日の文雄は自信にあふれていた。

（今日は思ったところに球が行く。ストライクもボールも、狙い通りに決まる。今日の調子なら、強打者もこちらのペースで打たせて取れる）

## 史上二人目の快挙

完全試合という呼び名も記録も、原はこのときはっきり認識していなかったという。

「勉強不足で、藤本英雄さんが過去に達成していたことも知りませんでした。ただ、ひとりもランナーが出ていないのですから、それがノーヒットノーランよりすごい何か大記録だという感じはもちろん、野球選手ですからわかります。

七回になると、ベンチが緊張し始めました。武智さんはそれほどでもなかった。守っているナインの方が武智さんに、『ふみ、エラーしたらごめん！』などと、先に声をかけていました」

とくに緊張が目立ったのがセカンドの山本静雄だった。顔色が変わっている山本を見て、文雄の方が気遣って声をかけた。

「エラーしてもええから、気楽に行こう」

普通に考えたら、当事者である武智自身がもっと入れ込んで固くなっていても不思議ではない。だが、文雄は自然体だった。

「武智さんは、勝負にこだわる人じゃなかった。僕らから見たら、やさしい先輩です。普段は大人しい。チームの中で必要な発言はしますけど、すごく紳士でした」

負けず嫌いは言うまでもないが、ギスギスと結果を求めるタイプではなかったと、原が述懐する。

「武智さんは、僕の出すサインにほとんど首を振りませんでした。まったくということはないけど、だいたいサイン通りに投げてくれました。ベンチに戻って、配球に何か言われたこともほとんどありません」

配球で勝負するタイプの武智が、配球に何ひとつ注文をつけなかった。それは、原のインサイドワークに武智が満足し、心地よく投げていた証拠だろう。

「あの試合は、最初からとくに調子がよかったという感じではありませんでした」

不振にあえぐシーズン序盤、少しずつリズムを取り戻しつつあったが、今日は違うぞ、と目を見張るほど絶好調だったわけではない。だが、

「バッターが2ストライクから見逃して主審に『ストライク』と言われ、『いまのがストライクか!?』と声を上げるシーンが何度かありました。ミットさばきとか、間合いとか、それがバッテリーの呼吸というものではないでしょうか。あの試合ではそれができたのだと思います」

原はさりげなく、投手・武智だけでなく、武智・原のバッテリーで達成した記録だという誇りを言葉にした。

あくまで遠回しに、そして謙虚に。

完全試合は投手の記録に違いない。だが同時に、捕手の記録でもある。捕手の貢献がなければ、完全試合は達成できない。主審をも巻きこんでいくバッテリーの呼吸、バッテリーの間合いが、完全試合の土台にあった。

「シュートは確かによかったですね。ギリギリのところによく決まっていました。打てばゴロになる。見逃せば主審にストライクと言われる。微妙な判定もありました。主審までが味方のような。記録というのは、そういう色々な偶然や幸運があってできるものでしょう」

もう六十年以上も前の話。「あの試合の記憶はほとんどありません。どこまで覚えているか」と、取材前には不安げだった原が、会話するうち、いくつもの断片を思い起こして語ってくれた。

「いちばん肝を冷やしたのは、レフトへの当たりでした。レフトのポール際へ、やられた、と思いました」

四回裏一死、大映の二番打者・滝田政治が飛ばした打球の記憶だ。1ストライク、1ボールからの三球目、インコースから入るカーブを投げた。滝田は見事に腰を回転してこれを捉えた。鋭い当たりがレフトポール際を襲った。

（やられた）

マウンドの文雄も、マスク越しに見る原も、半ばあきらめた。

懸命に背走し、ポール際でグラブを伸ばしたのはレフトの日下隆だった。見つめる視線の先で、長打を覚悟した滝田の打球がスッポリと日下のグラブに収まった。

後で思えば、この打球が最大のピンチだった。

原が記憶しているのはもうひとつ、続く三番坂本の打球だ。

「坂本さんはいつも闘志満々の人で、ポールのちょっと左側に大きな当たりを打たれました。たしかファウルになって、助かったように思います」

回が進むにつれて、ナインの緊張は極度に高まった。

「終盤はもう大変でした。僕も懸命にキャッチングしていました。キャッチャーがミスをしても記録は台無しですから。コース、ギリギリのところに構えてね。

武智さんはみんなから『ふみ』と呼ばれていましたが、八回、九回は守備に出て行くときみんなが、

『ふみ、オレんところに打たすなよ！』

『エラーしたら、申し訳ない。エラーしても恨むなよ！』

『ふみ、ごめんな！』

などと、先に謝って出て行く選手が大半でした」

七回表は、三振、セカンドフライ、サードゴロ、わずか七球。八回表は、サードゴロ、レフトフライ、ショートゴロ、わずか八球。尻上がりに勢いを増した。

記録を意識したのは、大映ナインも同じだったかもしれない。焦りが早打ちを呼び、結果的に文雄の術中にはまった。

八回の守りになると、バックの表情が変わり、いっそう固くなっているのが、文雄の目にはっきり映った。

文雄より守備陣の方が冷静さを失っている。その姿を見て、文雄が逆にベンチで声をかけた。

「記録なんて意識しないで行こう！」

文雄が声に出すことで、少し空気が和らいだ。

近鉄打線も高松、飯尾のリレーに封じられ、五回の一点以降、得点を奪えずに八回裏を終えた。

一対〇。最少得点差で九回表を迎えた。

最初の打者は七番杉山。六回にヒット性の当たりを打たれている嫌な打者だ。アンダースローに弱点があるとすれば、やはり左打者だ。ひとつの関門、杉山を文雄は再びショートゴロに打ち取った。1アウト、あと二人。

下位打線だから、普通に考えれば勝負しやすいところだが、次に迎える山田は、実は大映打線の中で、文雄が試合前から最も警戒する二人の打者のうちのひとりだった。

もうひとりは三番を打つ坂本。強引にヤマを張ってくる強気な坂本には、技巧が通じないところがある。そしてもう一人が山田だった。

選球眼のいいベテラン山田には、「ボールを決して打たない」という武器がある。渋い当たりが内外野の間にポトリと落ちる、そんな打球でしばしば一塁に生きるのも山田の持ち味だった。そして何より、粘られて、四球を与えたら元も子もない。あれこれと嫌な予感が頭をよぎる。

その時、大映の藤本監督がベンチを出て、代打・百々《どど》を告げた。百々はまだ若い打者。馬力はあるが、山田に比べたらずっと打ち取りやすい。

（運がいい！）

文雄はマウンドで内心、胸を撫で下ろした。

案の定、百々は二球目をあっさり打って、ピッチャーゴロに倒れた。2アウト。いよいよ大記録達成まで、あと一人となった。

九番ピッチャー飯尾に代えて、増田が打席に向かった。

増田は、相手投手の快記録の夢を打ち砕くことから、「記録殺し」の異名を持つ打者だ。この年五月の毎日戦でも、荒巻淳投手（毎日）のノーヒットノーランを阻止する一打を放っている。

足も速い。

増田の姿を見て、文雄はベンチに下がった山田を思った。

（山田に続いて増田が出て来ていたら、とても打ち取る余力は残っていなかっただろう）

背筋に冷たい汗が走った。

だが幸運にも、山田と勝負せず2アウトを稼ぐことができた。マウンドに立つ文雄には、新鮮な元気と勇気が消耗せず残っている。

（おかげで、自信を持って増田と勝負できる）

かえって気持ちが軽くなり、文雄は増田に伸びやかなボールを投げ込んだ。

初球はストレートから入った。

判定は「ボール」。

二球目は、シュートとともに、この日最も冴えていたカーブでストライクを取った。カウント1－1。

三球目も、文雄は外角にカーブを投げた。

打者の手前でブレーキがかかり、そこから鋭く曲がりながら、生き物のように伸び上がった。

増田の身体が一塁方向に泳いだ。

その瞬間、ヨシッ、文雄は心の中で叫んだ。

力を失った増田のバットがボールの下を叩いた。

右方向に勢いのないフライが上がった。

セカンドの山本が両手を挙げ、曇天《どんてん》の上空を仰いだ。

文雄はマウンドから、山本がガチガチになって落下点で打球を構える姿を見つめた。

打球が落ちてくるまでの時間が、途方もなく長く感じられた。

白球が、カクテルライトの中をゆっくりと落下してくる。

祈るような眼差しが、スタンド全体から山本に降り注ぐ。

山本は、ガッチリとこの打球をグラブに収めた。

重い呪縛から解き放たれ表情を一変させた山本の歓喜は、近鉄ナイン全員の緊張感と解放感をそのまま表していた。

完全試合達成。

午後八時五十三分、武智文雄は「史上二人目」「パ・リーグでは史上初めて」の完全試合達成投手となった。

文雄の全身が感激に震えた。マウンド上で、ただ呆然と立ち尽くした。

歓喜よりまず、戸惑いの方が大きかった。

捕手の原が駆け寄って来た。一塁から武智修が駆けてきた。

サードの小玉が、ショートの戸口が、そして、重責を果たしたセカンド山本がウィニングボールを持って来て、文雄に手渡した。

レフトの日下、センター大村、ライト大石、すべての野手たちも完全試合を達成した当事者だ。それは投手の偉業であると同時に、チーム全員で成し遂げた快挙だ。なにしろ、ひとつのエラーも許されなかったのだから。

投球数八十九。試合時間一時間三十分。三振六、内野ゴロ十、内野フライ五、外野フライ五、外野ファウルフライ一。ファーストへの打球はなかったが、二塁手から右翼手まで、打球が飛んでいる。

スコアブックに記載された観客数は五千人。

2－3のカウントまで行ったのは、五回表に一死から五番菅原を迎えたときだけだった。八球を投じた末、三振に打ち取っている。振り返れば、記録達成にはここも大きなピンチだった。

結果から見れば、七回以降、七球、八球、七球、わずか二十二球で九人を打ち取っている。だが、数こそ少ないが、

「終盤の一球一球は、血を吐くようだった」

文雄はのちに告白している。

史上二人目という偉業は、やはり運や偶然だけで達成されたのではない。それまでの人

生のすべてを凝縮し、一球一球に込めて、文雄は勝負を重ね、達成したのだ。

## 早く家に還りたい

「最後の打者を打ちとって、僕はマウンドに駆け寄りました。けど、武智さんは案外ケロッとしていました。握手はしましたが、抱き合って喜ぶほどのことはなくて、大げさなことはありませんでした。僕は、うれしいより、ホッとしました」

この試合の勝利で、近鉄パールスはパ・リーグ八球団中、四位に浮上した。文雄と原のバッテリーは、球団を過去最高順位に押し上げた立役者でもあった。

原勝彦は、六年間の現役生活の後、コーチ就任の要請を丁重に断って、野球界を離れた。

「ちょうど三十歳のときでした。小倉中学の大先輩・吉田さんが電通で社長をしておられて、電通に誘っていただきました。『野球界の原はもう死んだんだ』と約束して広告の世界に入り、定年まで勤めました」

少しは親孝行をしろと、最初は小倉支局に配属され、その後、大阪に転勤。五十歳で電通PRセンターの常務取締役大阪支社長に就任し、十年務めた。

武智文雄とは引退後、ほとんど会っていない。五十歳になり、関根潤三から誘われて出席した近鉄ＯＢ会で久々に顔を合わせたくらいだという。

史上二人目の快挙達成に興奮したのは本人以上に周囲だったかもしれない。メディアが競うように武智文雄の快挙を報じた。

いつもは短時間で終わる試合後の取材が長く続いて、この夜はなかなか解放してもらえなかった。もちろん、うれしい悲鳴。文句はないが、記者たちの取材を受けながら、

（早く家に還りたい）

文雄はふと思った。

新婚一年目の妻・由香里が待っている。早く由香里に快挙の報せを届けたい。

完全試合がどれほど大変な快挙か、伝えるのは難しいだろうな、戸惑う由香里の顔を思い浮かべて、ひとり笑みをこぼした。

由香里はお腹に、九月に産まれる予定の第一子を身ごもっている。

生まれてくる子どもに、素晴らしい贈り物ができた。

少しは父親の威厳のようなものが作れただろうか。

（女の子がいいな）

文雄は思った。なぜだろう？

自分のような苦労をさせたくない。もし男の子でも、野球はさせたくない、と思った。

ようやく取材が終わり、文雄は車で京都の自宅に急いだ。

深夜になったにもかかわらず、自宅にも地元の記者たちが押しかけていた。彼らが事前に説明してくれたお陰で、由香里は完全試合の重みを由香里なりに感じていた。

「武智文雄が、一夜にして、歴史上の人物になりはった」

記者のひとりが言った。

歴史上の人物？

自分には似ても似つかぬ形容詞だと思ったが、確かにそうかもしれない。日本プロ野球では二人目、パ・リーグでは初めて、メジャーリーグでも五人しか達成していない稀有な記録を達成したのだ。

（こんな日が来るなんて）

それが何より、文雄の実感だった。

父親に野球を反対され、反対を押し切って岐阜商に進んだものの、戦況の悪化で甲子園大会が中止になった。文雄は予科練に進路を変えるしかなかった。予科練から特攻隊に配属され、飛行訓練は死ぬための訓練に変わった。

野球はもう二度とできないと覚悟し、忘れる努力をした。

実際に、ほとんどボールを握らない日々が三年近くあった。

生きて還れるとは思っていなかった。

深夜遅く、ようやく布団に入ったものの、興奮で眠れなかった。

天井を見上げると、様々な過去の風景が脳裏をよぎる。

真っ先に浮かんだのは桜花の訓練だった。親機で空高く舞い上がり、上空で桜花に乗り込み、切り離されて真っ逆さまに降下する。その寸前の、腸《はらわた》がせり上がり、口から外に飛び出しそうな気持ち悪さ。帰って来なかった仲間たちが、精一杯の笑顔を見せて飛び立つ時の、なんとも言えない哀しさも甦った。明日は我が身、決して他人事ではなかった。

(死ぬことしか目の前になかった。そのオレが完全試合……)

華やかな快挙が現実になった今も、文雄は、自分が再び野球をやり、マウンドで躍動する幸運を半ば信じられなかった。


文雄には、二人の兄と三人の姉妹、そして三人の弟がいる。三人の弟は全員が野球をし、そのうち二人が文雄の後を追いかけるように、プロ野球選手になっている。当時は田中三兄弟と呼ばれ、ファンにはよく知られていた。

すぐ下の弟は、早大を卒業し、東レに勤めた。二人目の弟が田中照雄。岐阜商から阪急ブレーブスに入団した投手。完全試合の年にはトンボユニオンズに移籍し、プロ初勝利を挙げた。翌年は先発陣の一角に食い込み、七勝をマークした。兄の活躍は照雄の刺激になったのかもしれない。照雄は通算七年、実働五年のプロ野球生活で十三勝を記録している。一九七二年、三十八歳の若さで亡くなった。

末弟が田中和男。十二歳違う和男は、一九五六年（昭和三十一年）、岐阜商の投手として春夏の甲子園に連続出場。いずれも決勝まで進んでいる。無念にも、春は中京商（現中京大中京）に四対〇、夏は平安に三対二で惜敗したが、春夏準優勝の立役者となった。

いまも名古屋で暮らす和男は、憧れの兄を懐かしむように語ってくれた。

「ちょうど十二歳も離れていますから、幼いころに一緒に遊んだ記憶はほとんどありません。けれど、兄貴が野球をする姿は覚えていますし、私が野球に夢中になったのも、兄貴の影響です。

私が甲子園に行ったとき、途中の京都駅に兄貴とお義姉さん（由香里）が差し入れを持って来てくれました。宿舎にも来てくれた。やさしい兄貴でした。それ以上に、お義姉さんによくしてもらいました。学生時代、よくお義姉さんと一緒に兄貴の試合を応援に行きました」

和男は法政大学に進学後、打者に転向。クリーンナップの一角を打って活躍。卒業後は東映フライヤーズに入団するが、肩を傷めてプロ野球では目立った活躍がないまま引退した。高校時代の実績は遥かに兄をしのぐ和男だが、

「悔いはありませんでした。それより早く仕事に就いて、長い人生をしっかりやりたいという思いが強かったんです」

文雄という身近な存在があったからだろうか。自分と兄では器が違う、そんな実感も、和男が野球への未練を残さなかった要因だという。

和男は引退後、文雄の義父・克信の紹介でゴルフ場関係の仕事に就いた。当初はプロゴルファーを目指し、アンダーパーで回るほどの実力を身につけたが、機械に指を絡まれる大怪我をしてプロ転向を断念。その後はゴルフ場の仕事を顧客から信頼を得て長く務めた。前出の杉山幹夫岐阜新聞名誉会長も、「和男さんにはゴルフですごくお世話になったんです。元気ですか？　会いたいなあ、よろしく伝えてください」と、懐かしそうに語った。その口ぶりから、田中兄弟がいずれも周囲の信頼を得ていたことが伺える。和男に確かめると、杉山は、地元のカントリークラブの理事長だった縁で、ゴルフで交流があった。

文雄の完全試合は、弟たちにも大きな自信と誇りを与えたのだろう。

完全試合が他の記録と違うのは、騒動が一日で終わらないところだ。サンケイスポーツ

新聞紙面に、完全試合の二日後に応じたインタビューが掲載されている（一九五五年六月二十一日）。

『よく効いたカーブ』

『ヒャッとした坂本のファウル』

『〝女房にみせたかったネ〟』

といった見出しが躍り、文雄は記者の質問に答えて、素直に語っている。


『（完全試合の翌日は）朝早くから京都の新聞社が二つインタービューにやってきた。大阪につくと早速放送局が待ち構えているし、スポーツ新聞にも呼ばれた。放送局ではサインが要るんだと一時間も記者の方が待っておられたり、たまの休みで一家四人でご飯を食べに出ようと話していたのがお流れになってしまいました。方々で冷たいのみ物を出されるのでもうお腹がダブダブです（笑）一晩ゆっくり寝たいものですが、とにかく夢にも思わなかったことが実現したので歩いていても何だか足が地につかないような幸福感で一ぱいです。』

どんな球が、一番効果があったと思うか？

『カーブとシュートです。カーブは一たん止ったたように見えてグーッと浮きながら曲ったと皆がいっていました。左打者にはとくに慎重に投げた。スピードがあったのでトップの高野などクルリ、クルリ空振りしていた。坂本にはシュートを主に投げたが、一本腰のあたりへ入り、大きいファウルを打たれてヒャッとしました。そのほかスライダー、落ちる球を投げましたが、一番効いたのはやはりカーブでしょう。

(今年から投げているフォークボールは)高松に一球投げました。右飛にうちとったヤツですが、これにはあまり自信がないので、それ以上は使わなかった。八番の山田には目先を変えるため二球ほど上手から投げました。上から投げると芥田監督にしかれるので横目でチラリ監督の方を見たが何もいわれなかった。(笑)』

今シーズンはあのゲームまで二勝六敗、さぞ苦しんだと思うが? の問いには、素直にこう応じている。

『ええ、自分でもどうして球が行かないのか分らなかった。私のファンでしょっちゅうネット裏から見ている人がいままでは投げた際背番号がよく見えていたが、ことしはそれが見えない。腰が入っていないのではないかと注意してくれました。迷ったあげく五月の末一度二軍へ行って練習して見ようと思いゲームの休みの日を利用して青池コーチャ、根本選手にフォームのどこが崩れているかと見てもらった。結局腰の開きが早すぎて手だけで投げていたんですネ。そのため膝が固くなりボールが軽くて高目に行っていたのだと気がついた。二軍で練習しているうちに徐々に直ってきました。（中略）最近のように雨で練習が出来ないときでも午後には晴間を見つけて家で店の者にミットを持たせて軽く投げたり、鏡の前でフォームの矯正に苦心した』

妻の由香里は京都の自宅にいて、大阪球場の完全試合を見ていない。

『女房は京都の第一戦でボクの負けるのを見にきて以来一度もゲームには来ていませんｎ。でも一昨日のゲームは見せたかったナ。（笑）』

インタビューの締めは、奥さんのオメデタの話だ。プライベートな質問にも、文雄は屈託なく答えている。

『九月に生れる予定です。どうも女の児らしい。（笑）』

# 第六章

# 幻の完全試合

## 生まれたときから親不孝

史上二人目の完全試合を達成した武智文雄が、現代の野球少年には想像もできない道のりを経て「快挙」にたどり着いた苛烈な経緯を私が知ったのは、文雄の長女・美保との出会いがきっかけだ。

二〇一三年（平成二十五年）七月一日、病気のため、武智文雄は八十六歳の生涯を閉じた。美保が遺品を整理すると、近鉄パールス時代のユニフォーム、近鉄バファローズになってからのユニフォームやグランドコートとともに、ボールやトロフィーなどが綺麗に保管されていた。

これにどんな価値があるのか。どう扱ったらいいか。

共通の友人を通して、相談に載ってほしいと依頼されて会ったのが最初だ。

二度目に会ったのは、都内のホテルのラウンジだった。美保が鞄から一個の硬球を取り出し、テーブルに置いた。白球の表面が少しツルッとして見えるのは、経年による革質の変化だろうか。ほんの少し、色も純白からくすみがあるが、それほど古いボールには見えない。

「どうぞ」、遠慮せずボールを手に取って見るよう美保に促された。少し緊張し、素手で扱っていいのか戸惑いながら、思わず両手を合わせてからボールを取った。ボールペンで文字が書き込まれていた。

『完全試合達成　武智文雄　昭和三十年六月十九日』

とある。

（完全試合のウィニングボール……）

これは、東京ドームの中にある『野球殿堂博物館』に展示してもらうのが一番相応しいのではないか。珍しい《近鉄パールス》のユニフォームと併せて、博物館への寄贈を勧めた。

初対面の日、美保は、

「生まれたときから親不孝な娘です」

自嘲気味に自己紹介した。笑いを誘う言い方ではあったが、彼女の目は笑っていなかった。美保は続けた。

「父は、完全試合をした二カ月後、八月三十日にもう一度、完全試合をしそうになるんです。九回1アウトまで抑えていたそうです。もし同じ年に二度の完全試合を達成したら、世界でも初めてです。絶対に破られない記録になっただろうと、後で聞かされました」

その事実は知らなかった。美保の言うとおり、そのような快挙を立て続けに達成した投手はいない。ノーヒットノーランを複数回記録した投手は沢村栄治、金田正一、外木場義郎、野茂英雄ら何人かいる。完全試合を二度達成した投手は、日本にもメジャーリーグにもまだ一人もいない。

美保は、淡々と続けた。

「試合の途中で、女の子が産まれた、という報《しら》せが近鉄パールスのベンチに届いたそうです。九回の守備に着いたころでしょうか。女の子というのは、私のことですね。

監督、コーチは、どうしようか、考えたそうです。マウンドにいる父にそれを伝えるべきか、後にするか。少し悩んだ末、タイムを取ったのでしょうかねえ。父に伝えたんだそうです。そうしたら、途端にヒットを打たれて、記録がダメになってしまった……。私は、生まれた時から親不孝だったのです」

その話をしてくれる間、美保は一度も、ニコリともしなかった。自分の誕生の報せが《世界的な快記録達成》の邪魔をした。申し訳ない思いを、ずっと心の奥に抱え続けて生きてきた心持ちが窺えた。

美保は野球をプレーした経験はないが、野球にすべてを懸《か》けて生きる父親の生涯を見ているだけに、大記録があと一歩で果たせなかった悔恨が決して小さなものでないことを、自分なりに痛く受けとめてきたのだろう。

《史上二人目の完全試合を達成した武智文雄投手》の名前は、熱心な野球ファンでも知らない人の方が多い。なぜ、これほど記憶に刻まれていないのか、不思議なほどだ。実の娘である美保は、その現実を肌で感じ続けてきた。弱小チーム・近鉄パールスだったためか。大阪を本拠とする、当時は人気の低かったパ・リーグの選手だったためか。

そうだったにしても、もし年間二度の完全試合を実際に果たしていれば、武智文雄の存在はいまよりもっと野球界で燦然《さんぜん》と輝いていたに違いない。それを思うと、身につまされる。父に申し訳ないことをした。美保にはそれがずっと胸のつかえのようにあった。父親にも、そのことは聞けず仕舞いだった。

「いくつの時かなあ、父のお友だちの野球選手がそれを教えてくれはりました。どなたかが雑誌か新聞に書かれた記事を見せてもらった記憶があります。はっきりと、そのように書いてありました」

京都で生まれ育った美保は、美しい京都弁のイントネーションで話してくれた。

思わず、その光景が目に浮かんだ。

九回一死。スタジアムは緊張に包まれている。

「武智がまた完全試合に王手をかけている。あと二人！」

ベンチから監督か投手コーチがタイムをかけて出て来る。

スタンドは、何事かと思う。もちろんマウンドの武智文雄も、この場面でなぜ一呼吸置くのか、怪訝に思う。

マウンドで、文雄は試合前からずっと気に掛けていた報せを聞かされる。

「無事に生まれたぞ、女の子だ」

命を捨てたはずの自分が、子宝に恵まれた。

いよいよ親子三人、新しい家族ができた。

いまこの世にいなくても不思議ではなかった男が、こうして野球のマウンドに立ち、家族を持った。

どんな感情が文雄の奥底に流れたか。

相手は一回目と同じ大映。打席には、山田の代打・八田正が立っている。内角に投じたストレートは、ほんの少し甘かったかもしれない。詰まり気味の打球が、センター前に落ちて、「二度目」の快挙が泡と消えた……。

翌朝の新聞は、『武智文投手　惜しくも二度目の完全試合を逸す』『九回一死後にヒット代打八田が快挙を阻む』の見出しとともに、こう伝えている。

『（中日球場）最終回文字どおりの土壇場まで記録達成の夢をつないでいた武智文は、九回先頭の代打者平野を右飛に打ちとりながら、山田の代打八田に一－二から内角直球をつまり気味に中前へ安打され、惜しくも二度目の完全試合を逸した。

しかしこの日の武智文は無類のコントロールを唯一の武器に下手から変げん自在の球をあやつって大映の各打者を手玉にとった。

二－三とフル・カウントに追込まれたのは初回の増田と八回の代打二宮の二人だけ、スライダーが殊のほかよく決っていたせいもあったが、三者三振にしとめた三回をはじめ、外野飛9、内野飛6、内野ゴロ6と完全に抑え切った（武智文の投球数は一〇三）』

この日のスコアも一対〇。記録こそ逃したが、文雄は一安打完封勝利で六勝目を挙げた。

娘は、半世紀以上、生まれながらの親不孝を申し訳なく感じ続けてきた。

ついに父親に聞けず仕舞いに終わったほど、それは真剣な葛藤だった。

調べてみると、娘の思い込みは、ほんの少し創作された逸話ではないかと思われてきた。資料を紐解くと、八月三十日、美保が産まれたのは「朝七時過ぎ」とある。文雄は試合前に愛娘誕生を知らされていた。

(早く京都に還りたい)

(早く試合を終わらせて、娘の顔が見たい。由香里をねぎらいたい)

その思いが、テンポのよいピッチングを生み、終盤までの快投をもたらした。

『全くくやしいね』の見出しとともに、文雄の試合直後のコメントが新聞に載っている。


『左打者の八田君が流し打ちを得意とするので内角へ直球を投げた、これをつまり気味に打たれたのだがカウント一－一のときに勝負すべきだったよ。完全試合ということは七回ごろから意識していたが、まったくくやしいね、きょうの調子自体は決して最上とはいえなかったまでもよく球が伸びていたと思う、けさ七時過ぎに女の子が生れたんだ。そうしたことも相当影響していたかも知れないが、とにかく娘の誕生日にいい土産ができると思っていたのに……』


これはあくまで想像だが、「あと二人」になったとき、文雄の頭に、二ヵ月前、完全試合を達成した夜の記憶がかすめたのではないかと思ったりする。

あの日は試合後、記者たちがなかなか解放してくれなかった。

（今日は早く還りたい。この時間なら、京都に帰る電車に間に合う。うっかり取材が長引いたら、乗り遅れるかもしれない）

早く娘の顔が見たい、妻をねぎらいたい。今日は取材陣に束縛されるのでなく、家族を思って、ゆっくりと過ごしたい……。

女の子が欲しいという文雄の望みどおり、第一子は女の子が生まれた。

なんと果報者だろうか。

美保が幼いころはまだ現役選手で遠征が多かったこともあって、一緒に過ごす時間は少なかった。

美保が振り返る。

「一緒に暮らしているという感じはあまりなくて、お母さんと私が大阪の球場に会いに行く。そんな感じでした」

そのせいか、悩んだ時に甘えるとか、何かを相談する、心の機微まで共有し合えるような父と娘の関係ではなかった。でもそれは、

「自分の方から決めつけていて、父を少し避けていたからかもしれません」

取材の過程で、二度目の完全試合を打ち砕いた八田正の話を聞くことができた。

八田正は、当時としては珍しい右投げ左打ちの内野手。鳴門高校からプロ入りしてまだ一年目の晩夏だった。その年は三十八試合に出場、九十打数で十八安打しか打っていない。そのうちの一本が、歴史を砕くテキサスヒットだった。

八田といえば筆者世代には、阪急のスコアラーとしてしばしば新聞紙上でその名を目にした人だ。現役終盤に所属した阪急で、引退後長くスコアラーとして活躍した八田正こそ、文雄の二度目の完全試合を打ち砕いた新人打者だった。

いま病床にある八田正が、お嬢さんを通じて次の逸話を教えてくれた。

「試合後、大阪への移動は近鉄も大映も同じ列車でした。駅のホームで一緒になると、『何で打つんだ！』と、武智さんに怒られました。もちろん、笑いながらですが。

同じ年に二度も完全試合をやられたらたまらない、とベンチはみんな必死でした。私は新人で、一度目のときはベンチにも入っていません。打ったヒットは会心の当たりではなく、詰まったセンター前ヒットでした」

コーチ、評論家として引退後も近鉄に関わり続けた文雄と阪急のスコアラー八田正は、その後もしばしば球場で顔を合わせた。その時、八田が文雄にするあいさつは決まって、「いやあ、すまん、すまん」だったという。

# 第七章

# 近鉄消滅の危機

## 永田ラッパの嵐が直撃

《永田ラッパ》というフレーズは、昭和二十年代から三十年代にはしばしば巷で耳にする言葉だった。

日本映画が活気づいていた時代。

永田雅一は、大映のワンマン社長として君臨し、黒澤明監督の映画『羅生門』がヴェネツィア国際映画祭でグランプリ（金獅子賞）を受賞するなど、数々の話題を提供し続けた。その奔放な発言、大言壮語を人々は《永田ラッパ》と形容した。

永田は、一九四七年にアメリカ視察旅行から帰国した後、プロ野球進出を決意する。アメリカでいかにプロ野球のオーナーが社会的に尊敬されているかを実感した。大映映画をアメリカに売り込むためにも、球団オーナーという立場が有益だと考えたのだ。元来、野球好きでもあった。

急映フライヤーズに始まり、金星スターズを買収して大映スターズを結成。当初は映画の副業だったプロ野球経営の熱が徐々にエスカレートし、一九五三年（昭和二十八年）にはパ・リーグ総裁に就任した。

永田ラッパが、映画界にとどまらず、プロ野球界にも吹き荒れるようになった。

まさか、永田ラッパの嵐が武智文雄の近鉄パールスを直撃するとは、予想していなかった。

一九五七年（昭和三十二年）夏のことだ。

そのシーズン、パ・リーグは七球団で構成されていた。奇数だから、連日必ず一チームが休みになる。編成上も面倒くさい。それまでの八球団か、もしくは六球団の方が運営しやすいのは明らかだ。そうした中、突如、永田が宣言した。

「パ・リーグは来季から六球団にする。今季終了時点で最下位のチームは球団としての存続を認めない」

大胆な、というより、あまりにも乱暴な提言だった。それが通ってしまうところに、永田ラッパと呼ばれる由縁がある。

七球団中、六球団はそれでも困らない。球団も選手もファンも、いわば他人事。

困った、青天の霹靂《へきれき》、真っ青になったのは近鉄パールスだ。何しろ、その時点で、六位の大映に十ゲームも離され、ダントツの最下位に沈んでいたからだ。

永田雅一パ・リーグ総裁は、それを見越してラッパを吹いたのだ。

「近鉄退場！」

パ・リーグのお荷物球団と言われた近鉄が退場（消滅）しても誰も困らないと宣告したのも同然の取り決めだった。

永田自身がオーナーを務める大映は六位とはいえ、十ゲームも差があればまず安泰だろう、そういう見込みを立てて強引な約束を決めてしまった。五位までの五チームはもっと危機感がない。とんでもない暴論だが、七チームで採決すれば、六対一で決まってしまう。

それにしても、シーズン途中で突然、球団の存亡にかかわる取り決めがなされるとは、大胆、いや乱暴な時代だった。


「パールスを潰されてたまるか！」

近鉄ナインはみな腹を立て、永田ラッパの悪口を言い合った。

けれど、次の科白はなかなか出ない。

逆転しようぜ、と言いたいのは山々だが、それまでの試合ぶり、チーム状況、自分たちの実力を直視すれば、強気なことは誰も言えなかった。

（このまま球団は消滅か……）

当の選手たち自身が、真っ先に観念している状況だった。

永田ラッパのショックと同時に、あきらめムードが色濃くチームを覆った。

八月八日、大阪球場での大映戦。九回裏に三点を取って同点に追いつき、延長戦に持ち込んだものの、すぐ十回表に三点を奪われ、六対三で敗れた。これで首位西鉄との差は二十八ゲーム、六位大映との差はちょうど十ゲームに開いた。

八十五戦を終えて、二十二勝五十八敗五分。勝率二割八分八厘。年間百三十二試合の予定だから、残りはあと四十七試合しかない。

「いまから十ゲームの逆転は無理だろう」

「万年最下位だし、パールスが整理の対象にされても、仕方がないよ」

「おい、いまから次の移籍先、探した方がいいぞ」

そんな会話がロッカールームでひそひそと交わされた。

永田ラッパに、いきり立ったのが、武智文雄だった。

(許せない。権力者たちはいつだって自分の保身ばかり先に考える)

生来の《負けじ魂》に火が点いた。

口には出さないが、戦争で学んだ一番の理不尽は権力者の横暴だった。自分たちは安全な場所にいて、地位の低い者、若い者を虫けらのように扱う。権力者は自分の保身や目的のためなら、他人の命さえ軽く利用する。権力者たちへの怒りを普段は抑えているものの、消しがたく身体に刻まれていた。

（仕返しの機会が、やっと来た）

不敵な笑みを浮かべて、文雄はひとり、唇をかみしめた。理屈抜きに、文雄の血が騒いだ。

（ナインがあきらめるのも仕方がない。普通に考えたら、もう無理な数字だろう。だけど、オレ一人ででも、逆転してみせる！）

文雄の決意は固かった。

こんな時、理屈や言葉は役に立たない。

やってみせる。

行動で示すしか、周りをその気にさせる方法はない。

八月十三日、永田ラッパが吹き荒れた後、文雄が初めてマウンドに上がる機会を得た。

対東映戦。先発の荒井を二回二死からリリーフした文雄は、九回まで被安打わずか二本、付け入る隙を与えず零封し、勝ち投手になった。

スコアは三対一。これで大映との差は八・五ゲームに縮まった。

「ナイス・ピッチング」

「ふみさん、今日は別人みたいに迫力があった」

文雄の変化をナインは敏感に察した。実はここまで、文雄はあまり調子が上がらず、二勝八敗の成績に苦しんでいた。最多勝に輝き、完全試合を達成し、チームの大黒柱であることは誰もが認めていたが、それから二年。三十一歳を迎え、そろそろ武智文雄も下降線かと、案じる空気が広がっていた。この日は、それを覆す好投だった。

この勝利でようやく三勝目。翌日の朝日新聞（一九五七年八月十四日）はこう伝えている。

『武智の球は好調なときほどすうっと入って、力のある打者にしばしば長打を打たれて苦い経験を味わっている。この日はその欠点がなかった。2－1とリードされた東映は八回岩本監督みずからの代打と、左打者東谷を起用して一発同点をねらったが成功しなかった。近鉄は五回山田の痛烈な左本塁打で試合をリードし、武智の好投でこれを守り切った。』

八月十八日には、この日の第一試合まで十四連勝と波に乗る首位西鉄の前にも武智文雄は立ちふさがった。ダブルヘッダーの二試合目。

一番玉造、二番豊田、三番中西、四番大下、五番関口、六番田中と続く強力打線を、散

発六安打。大下に三安打、関口に二安打、あとは投手の河村に一安打されたものの要所を締めて、一失点に抑えた。

特に、豊田はカモにしていた。

「豊田なんて簡単よ。シンカーでホイだ」

親しい太田アナウンサーに笑いながらそう話していたという。相手が強振するタイプならかえって文雄の技が冴えたのだ。

近鉄打線は中盤から終盤にかけて加点し、七点を奪って西鉄に勝った。文雄はこれで四勝八敗。

朝刊には、『近鉄、西鉄に逆転勝ち　15連勝を阻む』の見出しが躍った。

この夜、大映は毎日とのダブルヘッダーに連敗し、ゲーム差は六・五に縮まった。

次第に、文雄の思いがナインに伝わり始めた。

「ふみさん、本気で逆転するつもりだ」

「近鉄パールスの球団発足一年目からいる選手だ。そりゃ、チームを潰されるわけにいかないさ」

「オレたちも……」

少しずつ、文雄の熱がナインを鼓舞していった。

次に文雄が先発した八月二十二日の南海戦は、文雄の闘志が空回りする形になった。序盤に三点を奪われ、そのまま逆転できなかった。

マウンドを降り、ベンチに戻った文雄の形相を見て、逆にナインは改めて目を覚ました。

公式戦は、一年間の長い闘いだ。勝ったり負けたり、その生活に慣れると、ひとつの負けをそれほど痛みに感じない癖がつく。まして三試合に二試合は負ける計算の近鉄ナインは、負けを引きずらないことを良い意味でも悪い意味でも覚えていた。ところが、その夜の文雄の表情はまったく違った。

生きるか死ぬか。

それほどの厳しさ、悔しさが全身にあふれていた。

その姿が、近鉄ナインを触発した。

この日の敗戦で、ゲーム差は七。また一歩後退。文雄は今季の投手成績、四勝九敗となった。

しかし、ひとつの負けが、大きな力になった。

文雄の鬼気迫る熱さが近鉄ナインのあきらめムードを一掃した。

「このまま潰されてたまるか！」

「絶対に大映を逆転して、六位にのしあがろう」

「永田ラッパの鼻をへし折ってやろうぜ！」

「どうせやるなら、近鉄パールスの意地を見せてやろう！」

選手ひとりひとりが、逆転に強い思いを抱いた。

熱い闘志がチームに充満し始めた。


九月一日、中日球場に西鉄を迎えての試合。

文雄が先発すると、近鉄打線はこれに応え、西鉄先発の若生を三回に捉えて四点を先取した。文雄は五回まで投げ、西鉄打線を二失点に抑え、後は山下に救援を託した。近鉄はそのまま危なげなく逃げ切った。これで文雄は五勝九敗。

特筆すべきは、朝日新聞（一九五七年九月二日）の戦評の最後の一文だ。


『九回一点を還し安打数にも勝った西鉄だが、いつもの元気さがなく闘志をわき立たせた近鉄の気力に圧倒された。』

多くの資料を目にした中で、

《闘志をわき立たせた近鉄の気力に》
といった表現に接した例は、他にあまりない。
最下位脱出に向け、チームが一丸となって変化し始めている様子を表す一行だ。だが、一度六・五差に縮めた大映とのゲーム差はこの時点で八。一進一退、まだ先は遠かった。

## 絶対に生き残ろう！

闘志も空回りし、連戦連勝とはいかなかった。大映とのゲーム差はなかなか縮まらないどころか、少し差を詰めてもまたジリジリ離される苦しい状況が続いた。

ラッパを吹いた永田雅一は、まだ余裕で葉巻をくわえていただろう。首筋に冷や汗をかかせるにはまだ迫力が足りなかった。

文雄はもちろん、気持ちを緩《ゆる》めなかった。

ここであきらめたら意味がない。

最後の最後まで、可能性がある限り、最善を尽くす。

自分は戦時中、幾度「死」を覚悟したか。それでも生きて、いまこうして野球を与えられている。

（最後には必ずオレたちが笑っている！）

チームの先頭に立って発破をかけ、言葉でリードするタイプでない文雄は、不言実行、背中でナインに力を与え続けた。

当時の空気を関根潤三が取材に答えて語っている。二〇一三年五月に発行された『近鉄バファローズ大全』（洋泉社）の中に収録されている《近鉄が「パールス」だった時代》と題するインタビューの一節だ。

『選手たちは（チームを）消滅させてはならないとの思いで団結し、必死になったとされている。』との問いかけを次のように否定している。

『それは、ちょっと違うと思いますね。確かにマスコミは、そんな風に言っていましたが、私も他の選手たちも気にしていませんでしたよ。もし最下位のまま終わったとしても、近鉄が無くなることは絶対にないと私は確信していました。』

関根潤三は六大学のスター選手で、初代藤田監督（大学時代の恩師）の後任・芥田監督に平気で逆らったと自ら豪語する、佐伯勇オーナーの寵愛を受ける特別扱いの選手だった。

そんな関根だから、チーム消滅の危機を前にしても、文雄とは違う心持ちだったのだろう。

だが、続けて関根はこうも語っている。


『ただ、あのシーズンは途中から監督が、芥田さんから加藤（春雄＝後に久幸に改名）さんに代わっていました。加藤さんに恥をかかせてはいけないという気持ちはありましたね。加藤さんは社会人野球出身ですが一緒にパールスに入団しましたから。加藤さんはチーム内でも人気の高い人でしたから皆、そういう気持ちでシーズンの終盤を闘っていたと思います』


まさに、文雄が絶対に負けたくない理由のもうひとつもここにあった。

永田ラッパが吹き荒れるひと月半前の六月二十二日、芥田監督がチームの低迷を理由に「休養」した。後を受けて監督代行に就任したのは、助監督の加藤春雄だった。

加藤は、近鉄パールスが誕生した年、文雄とともに入団し、草創期のパールスを支えた主軸打者だ。入団時、すでに三十二歳。現役生活はわずか四年だったが、その後も助監督として、チームに貢献し続けてきた。

しかも、加藤は、岐阜商の先輩であり、明大を経て、大日本土木でも文雄と一緒にプレーし、都市対抗二連覇を果たしたチームメイトだ。先輩・加藤監督代行に不名誉な結果を負わせるわけにいかない、それも文雄の闘志をさらに激しく燃え立たせた。

九月十一日、平和台球場に乗り込んだ近鉄は、ダブルヘッダーの緒戦、文雄を先発に立てた。すると、相手先発の畑を初回から攻めて二点を先取。二回にも一点を加えて試合を有利に展開した。

文雄は、一番高倉から豊田、中西、大下、田中、河野、仰木と続く西鉄打線を五安打一失点に抑え、六勝九敗とした。

朝日新聞（一九五七年九月十二日）は伝えている。

『西鉄は三回代打花井が右本塁打し、続く高倉も右翼線へ二塁打した。武智はここで慎重に外角球で豊田、中西をうちとり、大下を敬遠の上、代打玉造を投ゴロさせて唯一のピンチを切抜けた。以後は自己のペースを崩さなかった。』

熱い闘志だけでなく、文雄が長年の経験で身につけた野球術、投球術のすべてを注いで、勝利をたぐり寄せた姿が、この戦評から伺える。

ダブルヘッダーの第二試合は、西鉄のエース稲尾に零封され、一勝一敗に終わった。稲尾はこれで二十七勝五敗の成績。

大映との差は、八・五ゲーム。近鉄はこの日、ようやく三十勝に達した。残り二十三試合。もう後がない。

九月十四日、大阪球場の南海戦。一点リードの七回表、完投勝利から中二日の文雄がマウンドに上がった。するとすぐ近鉄が七回裏に一点を追加した。

さすがに疲れがあったのか、文雄は八回、九回で四安打を浴び、三点を失った。しかし、打線も八回裏に二点を追加し、四対三で逃げ切った。

文雄が背中で語り、打たれたときには、むしろナインの闘志に火が点く。

「ふみさんが燃えている。オレたちがあきらめてどうする！」

「絶対に生き残ろう！」

この日、大映が阪急に敗れて、ゲーム差は六・五になった。残り二十二試合。ここから、大きなうねりが起こった。

九月二十一日、大阪球場。大映とのダブルヘッダー。

ゲーム差四まで詰め寄った近鉄は、どうしても連勝したい緒戦の立ち上がり、先発の山下が一回に一点、二回にも一点を失うとすぐ、二回二死から文雄を投入した。

文雄は以後七回三分の一を三安打無失点に抑えた。打線も文雄の熱投に応え、四点を奪って逆転勝ち。

第二試合にも十一対二で大勝した近鉄は直接対決で二連勝、ゲーム差は一気に「二ゲーム」まで縮まった。

奇跡的な逆転が、もはや奇跡ではなく、射程内に近づいた。

「あのころいちばん、野球が楽しかった」

文雄がのちに語っている。

試合中はもちろん、移動の車中、遠征先の宿、食事、いつも一緒に行動するナインの雰囲気が違った。共通の目標があり、全員がそれを実現する意欲に満ちあふれていた。

一度や二度負けても挫けなかった。

チームが想いをひとつにし、見えない大きな敵に立ち向かう。

叶わないと誰もが思っていた難敵を徐々に追いつめた。

その戦いは、野球であって、野球を超えるもっと大きな挑戦でもあった。

続く二十二日、同じく大映とのナイター、初回に五点を奪って圧倒した近鉄は十二対二で勝ち、一ゲーム差に迫った。

そして九月二十三日、またも大映との直接対決。

文雄の密かな企みは、いよいよ結実する。


『近鉄はついに最下位から浮び上った。最近投打に調子を上げて来たが、この日も武智がうまみのある投球で大映を完封、攻撃もはじめから近鉄が押し気味で前半三度得点圏に走者を進めたが、決定打がなかった。八回一死後中前打の鈴木が二盗、関根の右飛で三進、小玉の一打は当り損ねだったが、うまく一、二塁間へ転がり鈴木が還った。近鉄の六位は百十六日ぶり。』(朝日新聞・一九五七年九月二十五日)

残り十五試合。ゲーム差なし、引き分けの多い近鉄の勝率が大映を上回り、六位に浮上した。

文雄はこれで八勝九敗となった。

永田ラッパが吹き鳴らされて以後は、六勝一敗。まるで人が変わったかの快投を続け、この日を迎えた。

それからも近鉄は勝ったり負けたりを繰り返す。

文雄は、大映を捕まえて六位になった後、緊張の糸が緩んだのか、負けを重ねる。だが、文雄の熱を受け継いだナインが踏ん張り、大映との差をジリジリと広げ、一度も逆転を許さなかった。

球団の歴史を強制終了させられるのは、皮肉にも大映と決まった。

大映の最下位が確定した夜、永田雅一がどんな顔でその結末を受けとめたのか、近鉄ファンならひと目見たかっただろう。

永田はすぐさま大映の生き残り策を講じ、毎日オリオンズと合併して、毎日大映オリオンズを誕生させた。

近鉄パールスは生き残った。

これは近鉄球団の歴史の中で、目標達成の充実感をチーム、スタッフ、フロント一体となって味わった、初めての経験だった。それを無言で演出し、チームを引っ張ったのは、間違いなく武智文雄だった。

完全試合はもちろん燦然と輝く偉業だが、文雄のもうひとつの業績は、球団の生き残りをかけたこの大逆転劇だ。

近鉄パールスに笑顔があふれた。熱とときめきに満ちた、夏からの日々があった。明るい歓声。希望。爽やかな闘志。

これこそが野球の醍醐味。平和な時代だからできる、かけがえのない挑戦、躍動。

（予科練、特攻隊……、あのころ自分はいつ命を落としても不思議ではなかった。それがこうして、生きている）

文雄は、苛烈な青春の体験を越えたからこそ、

「とことん燃えて、いまを生きる」

理屈抜きの激しさを体現できた。

近鉄パールス大逆転が現実になったちょうど同じころの新聞には『長島5打数5安打明立戦』といった見出しが見える。立教の三塁手、翌春から巨人で花開く長島茂雄の活躍を伝える記事だ。

まもなく、プロ野球は隆盛を迎えようとしていた。黄金時代の幕開けを目前に控えた時

期に、武智文雄は礎となり、熱い情熱を野球に注ぎ、野球の魅力を育み、次代に継承する役割を果たした。

# 終章

# 文雄の還る家

## 野球からビジネスへの転進

近鉄パールスは、翌一九五八年（昭和三十三年）、またも不振にあえぎ、年間二十九勝にとどまった。その年、西鉄・稲尾投手が挙げた三十三勝にも及ばない。球団は、千葉茂を監督に迎え、チーム名も新監督の愛称にちなんで近鉄バファローと改めた。岡本太郎デザインの猛牛マークはこのとき生まれた。

生前、文雄自身がまとめたスクラップ・ブックの中に、《太平洋野球連盟通用野球選手契約書》（全国プロフェッショナル野球機構統一形式）の原本が収められている。日付は一九五八年十二月。ちょうどパールスからバファローに変わった年に更改した契約書。

太平洋野球連盟とは、パシフィック・リーグの正式名称だ。

拾円の収入印紙に社判の押された契約書の第1条（契約当事者）には、

『当近鉄野球ＫＫと武智文雄とを契約の当事者とし以下各条項を含む野球選手契約を締結する』

とある。そして、第3条（参稼報酬）の項には、2月1日から11月30日までの報酬総額が「１３５０００円」と記されている。

最多勝投手のタイトルを獲得し、完全試合も達成した。さらには球団存亡の危機を救った主戦投手の年俸がこの額だった。

さらに興味深いのは、第34条の記述だ。

『第34条（国家活動）　本契約は国家活動の重大な要請があるときはコミッショナーに依りその作用が中断せられることを当選手と当倶楽部は承認する』

何を意味するのか？　戦後新たに制定された昭和憲法の第九条で「戦争放棄」が明記された。それにもかかわらず、選手契約書は、戦争が起これればプロ野球は中断させられる、とも読み取れる条項をわざわざ加えている。一九五〇年に起こった朝鮮戦争の影響もあるだろうか。まだ戦争への懸念を日本社会が払拭しきれていない現実を窺わせる。


一九六二年、チーム名を新たに「近鉄バファローズ」と改めた。

この年を最後に現役引退した武智文雄は、近鉄バファローズの二軍コーチを要請された。

二軍の投手コーチ時代に出会ったのが、同じ岐阜県出身（揖斐郡《いびぐん》）の佐々木宏一郎だ。

大洋ホエールズのテストに合格し入団。一年目に初勝利を挙げたものの、一年で解雇され、一九六三年から近鉄に入団した。

佐々木は当初サイドハンドだったが、文雄の助言で腕の位置を下げ、本格的なアンダースローに変えた。するといっそうシュートとスライダーが切れを増した。その年、四勝。すると文雄は背番号16を佐々木に譲り、自分は佐々木が付けていた背番号62に変えた。佐々木も期待に応え、一九六四年は十勝し、近鉄投手陣の一角を担う存在になった。

その佐々木宏一郎が、一九七〇年（昭和四十五年）十月六日の南海ホークス戦で完全試合を記録する。場所も文雄と同じ、大阪球場だった。この時、文雄はすでにチームのコーチを離れていたが、師弟で完全試合を達成したのは、世界でも珍しいのではないだろうか。

この日の南海ホークス監督は選手兼任の野村克也だった。

「佐々木投手の癖は全部見抜いていました。スライダー、シュート、ストレート、投げるときの癖で、全部わかっていたし、選手にも教えていた。それなのに打てなかった。いつでも打てるといった余裕が災いした。球種がわかっているからかえって力んでしまって、えらいことをやられたものだと思いました」

取材に答えて、野村克也元監督が話してくれた。

実は、野村克也著『プロ野球　最強のエースは誰か？』（彩図社）の中に、野村が選ぶ「近鉄・楽天の歴代投手ベスト10」というランキング表がある。

1位　田中将大
2位　野茂英雄
3位　鈴木啓示
4位　岩隈久志
5位　武智文雄
6位　則本昂大
7位　佐々木宏一郎
8位　阿波野秀幸
9位　吉井理人
10位　柳田豊

なんと、武智文雄が5位に挙がっているのだ。これを見て取材を申し込むと、快く応じてもらえた。そして、次のように語ってくれた。

「ふみさんが完全試合を達成した年は、私は二軍だったからまったく対戦していない。大阪球場のネット裏からよく試合を見ていたけど、後ろから見るとふみさんの球は、いつでも打てそうな球に見える。身体も大きくないし、球も速くない。ところが、実際に対戦してみると、思うような結果にならない。試合が終わってみると、四打数ノーヒット。ふみさんは、そういう投手だった」

手元に、美保から預かった、文雄自筆の身上書がある。三十年以上前に書かれたものだ。達筆で、このように記されている。

昭和四十年　近鉄球団退団

昭和四十年　京都市中京区室町通り姉小路下ル360
　　　　　　西陣織産ネクタイ株式会社取締役専務就任

昭和五十年　取締役副社長に就任

昭和五十七年　代表取締役副社長に就任

ユニフォームを脱いだ後は、妻の実家の経営者として、義父とともに社業の発展に尽くした。

野球からビジネスへの転進。ネクタイというファッションの分野。

長女の美保が振り返る。

「父はお洒落が好きな人でしたから、ファッションにも興味を持っていました。

自分が作ったネクタイを、完全試合にちなんで《パーフェクトタイ》と名付けたのは、当時まだ珍しかったブランディング・ビジネスの先駆けという意味で、なかなか商売のセンスもあったと思います。

実際に作るのはデザイナーや職人さんでしたが、父がデザインのイメージを言葉で説明して、独自の製品を作っていました。かなりいいネクタイを作っていました。

しかも父は人気がありましたから、商売は決して悪くなかったと思います」

ところが、思わぬ変化が、文雄の第二の人生にブレーキをかけた。美保が続ける。

「父がプロ野球の現役を退いたころから、急におじいちゃん（文雄の義父）の、父に対する態度が変わったのです。選手のころはあれだけ応援していたのに、同じ経営者の立場になったら、途端に厳しくなりました。二人の間に何があったのか、私にはわかりません。ある時期から、まったく合わなくなりました。

私は、父に対する男の嫉妬じゃないかと思いました。何しろ父は人気がありました。みんなが『ふみさん』『ふみさん』と言って、父の周りにいつも人が集まってきました。

岐阜にお墓参りに行ったときなど、本当にビックリするほどでした。私がもう大人になってからですから、父が引退して何年も経ったころです。柳ヶ瀬の街を一緒に歩くと、あちこちから『ふみさん！』と声がかかって、通りを歩ききれないほどでした。柳ヶ瀬に、いまは経営者が変わりましたが『なまず屋』という名のすごく美味しいうなぎ屋さんがありました。私たち家族はお墓参りに行くとその店に寄るのが恒例でした。父と一緒だと、その店まで歩いてたどり着くのが大変でした」

克信と文雄は十二歳しか違わない。それも微妙な影響を与えたのかもしれないと、美保は言う。

やがて、義父は孫（美保の弟）を後継者と決め、文雄は会社から追われる形になった。

そんなある日、美保は、哀しいくらいに決定的な光景を目の当たりにした。

「母の法事のときでした。父が意を決し、おじいちゃんに何か話し合いを求めたことがありました。法事が済んだ帰りがけです。

『オヤジ、ちょっと話を聞いてくれ』

唐突に父が祖父に言いました。祖父は、取りつく島もなく、

『ふみ、今日はありがとう』

とだけ言うと、背中を向けて歩き出しました。『冷たいなあ』と、私は思いました。祖父は私に、『美保、帰るぞ』と言い、早く車に乗るよう急《せ》かしました。

父は、祖父の車まで追いかけて来ました。それでも祖父は構わず車を出させました。走り去る車を見送る父の、やりきれない表情を、いまでもはっきり覚えています。

それが、祖父と父が直接話した最後でした。

パーフェクトタイが結構人気になったのが、おじいちゃんには面白くなかったのかもしれません。父の企画がうまく行くと、祖父がやっかんで、冷たくする。ネクタイだけでなく、いろいろなビジネスの話がありましたが全部祖父に反対されて出来ませんでした。

父はゴルフもすごく上手で、ハンディがゼロでした。弟たちは、

『ゴルフに行ったら親父が天才に見えるわ』

と、父を見直し、尊敬の声を上げるくらいです。いま考えれば、そういうひとつひとつが、おじいちゃんには妬ましかったのでしょう」

## 成し遂げられなかった感

妻・由香里には、美保とその下に生まれた二人の男の子が独り立ちしてまもなく、五十二歳の若さで先立たれた。心臓の病だった。

「あの頃が武智家の最盛期でしょうね。母の葬式は自宅でやりましたが、何百人もの人が

来てくださいました。

私は母の病気がそれほど悪いと思っていなかったので、イタリアに住んで仕事をしていました。報せを聞いて急遽帰国しました。

真っ先に駆けつけてくださったのは、根本（陸夫）さんです。

『どうしたんやあ』

と、ビックリされていました。入院を繰り返していたわけではありませんから、周囲の皆さんには、母の死は突然だったのでしょう。

少年時代から父の大ファンだったという『紳士服のはるやま』の春山社長も、大きなお花を持って弔問に来てくださいました」


文雄は、妻を亡くして、還るべき心の家をなくした。

義母（克信の妻）には愛情を注がれ、文雄も義母を敬愛していた。義母が元気なうちは、義父との軋轢を抱えながらも、それまでどおり武智の家で暮らした。

義母が心筋梗塞で倒れたのは、文雄の誕生祝いを自宅でするため、美保が手料理を作っている夜だった。義母が「具合が悪い」と言うので、休みで自宅にいた文雄が病院に送り、救急治療に付き添った。点滴を受け、自宅に戻る車の中で、義母は文雄の手を取り、言った。

「ふみさん、お父さんがきついから苦労をかけたね。勘弁してね、ごめん。本当にありがとう」

文雄は報われた、と思った。心の奥から熱い涙が込み上げた。後に美保に、

「おばあちゃんが二人きりになったとき、そう言ってくれた。あれがあって、本当によかった」

しみじみ語ったという。

義母は、病院から自宅に戻って容体が急変した。今度は義父が付き添い、救急車で別の救急病院に運ばれた。そこで、手当の甲斐もなく、帰らぬ人となった。

義母が心筋梗塞で急逝した後、文雄は武智の家を出た。


祖父との最後の会話も、「事前に私に口添えを頼むとか、もっと上手にやれば良かったのに、父はそれができない人でした」、美保がため息まじりに振り返る。

「父も自業自得だったのかもしれません。自分の気持ちを閉じ込めるようなところがありました……」

それを聞いて、筆者も自分の父親を思い出した。普段はしばしばジョークも口にする明

るい人だったが、生き方に関係する会話になると、思いを語ることをせず、重く口を閉ざす雰囲気があった。進学、卒業といった人生の転機に、私は父から生き方の助言を受けたことも、会話を促された経験もない。父親でありながら、長男の進路に一切口を出さなかった。いま考えても、それは子どもの意思を尊重したというより、そういう会話に介入することを避けていた、あえて思考不能にすることで、自分が過去に抱えるトラウマの扉を開けずに済ませていた、無意識の逃避だったのかもしれないと思いが至る。

筆者の父は、広島で原爆を受けた被爆者だった。原爆投下の直後、死の行進に逆行して爆心地に入り、数日間、そこに寝泊まりし、救助活動と原爆で破壊された建物や道路の片付けをしたという。

そこには見るも無残に変わり果てた、無数の屍《しかばね》が横たわっていた。生きて助けを求める人も、すでに人の形と違う、悲惨な被害を受けていた人が多かった。父はその記憶を自ら語ろうとはしなかった。

被爆から六十年近く経ってから、帰省の折りに私が頼むと、重い口を開いてくれた。語るときの父の表情にも声にも、ほとんど感情がなかった。半ば封印しながら、やはり決して忘れることのできない痛切な風景は終生、父の中から消えることがなかったのだろう。

戦争の後遺症。

それは、生き延びてなお、〝心〟という、他人から見えない、自分でもともすれば気づかない内面に深い傷を与え続ける、完治不能の経験を強制するところにも存在する。死に直面し、また多くの屍を眼の前にする経験に見舞われた人に通底する哀しい習性は、その後の人生に暗い影響を与え続ける。文雄や自分の父がふと浮かべる表情にそれが垣間見えたことを、美保も私も感じていた。

「父親の人生を思うと、《成し遂げられなかった感》があるのです」

美保が言った。

野球はやりきったが、ビジネスが志半ばだったという意味か？

尋ねると美保は「違う」と言った。「ビジネスはそれなりにやりましたから」

では一体、何を成し遂げられなかったのか？

「父はやはり、野球に人生を懸けた人です。歳を取ってからも少年野球の指導を続けていました。結局、最後まで野球から離れられなかったのです」

文雄は晩年、京都バファローズという、中学生の硬式野球チームのコーチを頼まれ、引き受けていた。指導の光景を映した地元放送局のニュース映像を見た。自らピッチングフォームを示し、力に頼らない理にかなった指導をしている様子に感銘を受けた。

「父は近鉄一筋でした。トレードの話も何度かあったらしいけれど、応じなかった。年俸もそれほど高くなかったでしょう。それが良かったのか、どうか」

関根潤三は現役最後の年、巨人に移籍し、往年の六大学野球ファンや近鉄ファンだけでなく、もっと多くの新しいファンにその名を知られる機会を得た。

文雄がもし、最後の数年だけでも巨人に移り活躍していたならば、武智文雄の名を知るファンは、全国的にもっと多かっただろう。

娘は、救われた命のすべてを野球に捧げた父を、切なく思うのだ。

同期入団の関根潤三は、投手として実働八年、二百四十四試合に登板し、六十五勝九十四敗の成績を残している。通算防御率は三・四三。完投八十七、完封十二、無四球試合十一。一九五八年からは打者に転向し、中心打者として活躍した。

武智文雄は、実働十三年。四百一試合に登板し、百勝百三十七敗。通算防御率は二・九七。完投九十八、完封十九、無四球試合二十六。いずれも遥かに関根を上回っている。しかも文雄は、完全試合を達成している。

それでも関根と文雄の知名度の差、認知度の違いは歴然としている。その違いは、野球の優劣、実績の差ではない。

関根にあって文雄に足りないものがあるとすれば、関根は法政大学時代すでに六大学野球のスター選手だったこと、巨人移籍で野球界の光の当たる世界へと転進し、知名度を高めたことだろうか。

関根が巨人に移籍したのは一九六五年。最後の1シーズンだけ、巨人でプレーしている。その後、大洋、ヤクルトでそれぞれ三年ずつ監督を務めた。引退後はフジテレビの評論家として、テレビに出演していた。また、長島茂雄と親しく、「長島を大洋の監督に迎えるため、それまで自分が監督を務める」といった人の良さでも世間の共感を呼んだ。

関根は、二〇〇三年に《野球殿堂競技者表彰》を受けている。

文雄は、幾度か殿堂入りの選考投票でわずかな票を集めたものの、殿堂入りは果たしていない。

完全試合第一号が藤本英雄（巨人）と知っている人はたくさんいるが、第二号は誰かの質問に答えられる野球ファンは少ない。もっといえば、武智文雄の名前を出してなお、初めて名前を聞いたという野球ファンが多い。

知名度が評価を分ける。ここでも皮肉な世間の現実がはっきりと見て取れる。

実はそこにも祖父が絡んでいると、美保はいう。

「祖父は一時期、父のマネジメントをしていた時期もあったようです。年俸交渉で球団といろいろあったときも、『球団と揉めるな。ふみの人生の面倒は自分が見るから心配するな』、そう言って、たしなめた。トレード話が出た時に断ったのも、球団はひとつで行け、動かない方がいいと祖父が助言したからのようです」

近鉄一筋に生きたことが、文雄にとって幸せだったのか。

「私が野球殿堂博物館に父のウィニングボールを飾って欲しいと思ったのは、それがあったからです」

美保がつぶやいた。

殿堂入りしている他の選手たちを羨むわけではないが、他の選手たちの実績に比べて、父の実績は不十分だろうか。

野球にかけた父の情熱は殿堂入りしている他の先輩たち、後輩たちに勝るとも劣らない。

それを思うと、物を言わない父が不憫で、充分な評価や敬意を与えてくれない周囲の空気に、憤りにも近い感情が込み上げるのだ。

文雄が投手生命の残り火を燃やして守り抜いた近鉄バファローズは、一九九九年（平成十一年）春、大阪近鉄バファローズと名前を変えた後、二〇〇四年（平成十六年）、オリックス・ブルーウェーブの運営会社オリックス野球クラブに営業譲渡し、二〇〇四年十一月末で球団としての終焉《しゅうえん》を迎えた。

突如沸き起こった球界再編の動きの中で、東北楽天ゴールデンイーグルスの新設が決まり、大阪近鉄バファローズの選手・スタッフは、オリックスと楽天に分配された。九月八日のオーナー会議で合併が正式に認められた後、これに反発する日本プロ野球選手会は九月十八、十九日、プロ野球史上初めてのストライキを敢行したが、「近鉄消滅」の決定は覆らなかった。

近鉄はいま、オリックス・バファローズにその名をとどめているにすぎない。記録や球団の系譜はオリックスに継承されていないため、近鉄パールス、近鉄バファローズの歴史は、そこで途切れた。

## 野球をやりたいという気持ち

武智家の婿養子に入った文雄は、田中家の三男。田中家への責任はない立場だが、何かにつけて、実家と両親への配慮を続けた。故郷を後にしても、とくに母ぎんへの思いは変わらなかった。実家の修繕費など、必要があれば文雄が進んで負担したという。

武智文雄の生きた道のりをたどって、思うことがある。

いまで言えば高校三年間、文雄は野球を奪われて過ごした。その時期に野球に没頭しなければ、プロ野球に続く階段は昇れないと、いまの子どもたち、親、指導者、そしてプロ野球関係者は思い込んでいる。

時代が違うとはいえ、文雄はその必要がないことを実証している。大事な青春時代に野球から離れてもプロ野球選手になれるし、完全試合もできた。

一方で考える。野球を失った三年間が、果たして、文雄にとって重要な糧になったのか。

奇しくも長女の美保がこんなことを言った。

「お父さんは体育会系、お母さんは文化系。知的なことや心のひだに触れるような話はもっぱらお母さんにだけ、相談していました。でも……」

大学を卒業後、スイスの大学に留学していた時、

「父から手紙をもらったのです。

『普段はうまく言えなかったけど、お父さんは美保のことをいつも大切に思っている』

そんな気持ちが書かれていました。スイスでその手紙を読んだ時には、さすがに涙がこぼれました。

父は、本当は体育会系の人じゃなかったのかもしれない。

私が勝手に決めつけていただけで……」

いまになって、そんな風に感じ始めた。

文雄は、野球の才能とともに身体の中に秘めていた豊かな感性や情操的な果実の種を育むことなく、眠らせていた。

それはやはり、失われ、奪われた青春時代の犠牲だろうか。最も感受性が強く、自我に目覚め、自立する十代後半に、全体主義、勝利至上主義を植え付けられ、特攻で自らの命を断つ決意を強いられた。

もっと豊かな情操教育、未来に向けた本質的な問いかけを自発的に重ねる機会があったなら、文雄は、ユニフォームを脱いだ後、義父との人間関係をやわらかく作りあげることもできたかもしれない。

《パーフェクトタイ》という、夢と情熱のこもったブランドも、いまは幻になった。

大切な思春期に、自由な心を閉ざし、権力者にズカズカと土足で心の中を踏み荒らされた。甲子園大会が中止になった以上に、そのことが文雄や同世代の若者にとって、もっと痛ましい現実だ。

戦争のない現代でさえ、同じような思考の束縛と自由な発想の制約が根強く生き続けている。そんな悲惨で貧しい野球界の現実に、野球人や野球ファンの多くが気づいていない。

甲子園という名の下に。

「勝利至上主義」「監督絶対思想」は、アマチュア野球の世界を根強く覆っている。『甲子園』がまるで『戦場』の代わりとなって、選手の自由な発想が縛られていないだろうか。


野村克也元監督が、興味深い話をしてくれた。

「私がプロ野球に入った当時、グラウンドには軍隊用語があふれていました。ミスをすると『営倉《えいそう》行きだ！』とかね。営倉ちゅうのは、軍隊の刑務所のことです（注・軍律違反に問われた軍人を収容する兵営内の施設）。名監督と言われていた人も、技術的なことは何も教えず、根性論、精神論ばかりでした」

戦争が終わって、野球をはじめスポーツの分野には、戦争前の封建主義が復活した。民主主義に変わったはずの戦後日本社会の根深いところ、スポーツの分野に封建主義、軍国的な上下関係が脈々と受け継がれ、いまも生きている。そのことを我々は、もっと真剣に自覚し、ともすればセンチメンタルに護られ飾られて、そうした戦前の体質を美化し続ける風潮に毅然と訣別する覚悟を改めてもたなければならない。武智文雄の生き様を通して、私は強く感じ直した。

子どもを大切に思うはずの父母たちも、甲子園に出るため、甲子園で勝つためなら、強豪チームに我が子を任せ、実績のある名将に服従する道を選ぶ。甲子園にさえ出られるならば、心が抑圧を受け、自由な発想の育成が損なわれても、多くの父母や応援者は気にしない。

甲子園に出場できれば、「よかったねえ!」と手放しで絶賛し、仮に惜敗しても、「それまでの努力は裏切らない、人生の役に立つ」と慰める。そんな〝全体主義〟がいまも続いている。

本当にそうだろうか?

最も感受性の強い十代後半の三年間、「甲子園出場」のために自由な心を閉ざし、監督に絶対服従し、生きることより死んで走者を進める思想を前提にする〝教育〟が本当にその後の人生を自由闊達にしてくれるだろうか。予期せぬ現実に直面したとき、咄嗟《とっさ》に大切な家族を守れる愛の深さ、行動力を発揮できる人間に育つだろうか。

服従と全体主義の先に、ひとりひとりのどんな気づきと想像を超える成長があるだろう。

そのことを、野球界と日本の社会がはっきりと直視し、社会全体で新たな方向を求める動きが、社会の急務ではないか。

それは、野球少年たちのためであり、野球という文化のより深い醸成のために不可欠な行動だと思う。


武智文雄が身を持って示してくれたのは、もっと自由で、夢のある羽ばたきだ。

父の背中を思い起こして、美保が言う。

「お父さんは、運良く助かったのではなく、野球をやりたいという強い気持ちが彼を助けた……。私はそう思います」


美保に協力を得てこの原稿をほぼ書き上げた後、彼女は仕事でイタリアに渡った。

能楽の宝生流家元・宝生和英二十世の意を受けて、ローマ法王庁のお膝元バチカンで能楽を奉納する事業をプロデュースしたのだ。

六月二十三日、二十四日の両日、バチカンのカンチェレリア宮殿で、宝生流と金剛流が合同で《バチカン勧進能》を開催した。

たびたびイタリアとバチカンに渡り、在バチカン日本大使館と折衝を重ね、各方面に後援や助成を働きかけ、実現にこぎつけた。その中心的な役割を一手に担ったのが、アートプロデューサーとして活躍する武智美保だった。

日本バチカン国交樹立七十五周年の年でもあり、スムーズに実現できるだろうとの目論みは外れ、美保は身を削るほどの苦労を味わった。無事、バチカンから帰国してまもなく会うと、美保はしみじみとした表情で、語り始めた。

「今回はものすごく苦労しましたから、バチカンでの能上演、勧進能を実現できて、私の務めは一区切りついたかと思っていました。ところが、バチカンで思いがけないものに出会ってしまったのです」

そう言って、美保は一枚の写真が載っているパンフレットを差し出した。

「これは、蜀江錦《しょっこうきん》と呼ばれる織物です。蜀《しょく》という王朝があった一七〇〇年以上前、中国で生まれたものです。それが日本にも伝わりました」

日本では法隆寺に最古のものがあるという。格子の中に連珠文に囲まれた花と唐草文をおさめた幾何学的な文様。赤地錦の総称でもあり、紅が印象的な模様だ。

「宝生流の宗家が身につけた衣装にも、蜀江錦が施されています。もちろん、以前から知っていました。それが」

と言って、美保は信じられない表情を浮かべ、しばらく言葉をのみ込んだ。もう本当に驚きました、と前置きしてからこう続けた。

「バチカンが管轄するサンタ・マリア・マッジョーレ大聖堂の壁画に、同じ蜀江錦の模様が使われていたのです。サンタ・マリア・マッジョーレ大聖堂の創建は三五六年と、三国時代よりも後のことです。つまり、三国時代に中国で栄えた蜀江錦の模様が、シルクロードを通じて、サンタ・マリア・マッジョーレに渡った可能性もあるのです。

私はこのように、蜀江錦の模様を通じて、シルクロードの存在の大きさを痛感しました。もちろん、シルクロードは、世界中を繋いでいたシルクロードの文化に与えた影響は、織物だけではなく、私が専門としている日本の伝統芸能にも言えることです。私は日本の伝統芸能を、シルクロードを軸とした時間的・地理的ダイナミクスの中の一部として捉え、探究してゆくことが、これからの私自身の使命だと考えさせられました」

歴史の謎、その謎に導かれるように、宝生流と出会い、バチカンに渡った……。

「人の運命の不思議というか、意志とは別に与えられた使命があるというか。そして、もし父が特攻隊で亡くなっていたら、私という人間もこの世に生まれることはなかった。父が生きて還って、私が生まれた。私は、バチカンに渡って、蜀江錦に出会った……」

人はそれぞれ、自分の意志や思考だけでは到達できない、あるいは感知できない使命を持って生まれているのかもしれない。

目の前の勝負に一喜一憂するのも野球の魅力には違いないが、野球を通じて受け継がれ、創造されているエネルギーもまた、人間の意志や願望のレベルにとどまらず、もっと深淵なものではないかと、武智親子から感じさせられる。

武智美保は、自身の人間形成に祖父の影響が強く反映していると自分で感じている。祖父は、タニマチとして、野球選手だけでなく、文化・伝統の支援に熱心だった。それを幼いころから見て、経験している美保がいまの仕事に就くのは自然な流れだった。祖父の娘である由香里と文雄が結婚し、二度目の完全試合があと一歩で果たせなかった因縁の日に、美保が生まれた。

人生は不思議な運命のつながりでできていると、つくづく感じさせられる。

野球は、愛でつながっている。

武智文雄は、野球人生をまっとうした。

完全試合を達成し、プロ野球通算一〇〇勝を記録した。

横暴な永田ラッパの魂胆を木っ端微塵に打ち砕き、近鉄球団の消滅危機を先頭に立って救った。

武智文雄が成した努力、表現した思いをどれだけ我々は受け継ぎ、伝え合っているだろうか。

野球はただ、勝った負けたではない。

テレビに出て有名か、無名かが問題ではない。知名度でその野球人の価値までが変わるような薄っぺらな世の中が豊かなわけがない。

豊かさとは、本質を社会が共有し、上《うわ》っ面《つら》の派手さや知名度に左右されない、確かな価値観が土台にあること。互いに深い気持ちを尊重し合える社会になったらうれしい。

野球がもっと豊かで自由になれば、日本の社会も変わるだろう。

日本の野球が、日本人の「心の自由と躍動」をもたらす文化に生まれ変わること、それは武智文雄の願いでもあっただろう。

野球に命を与えられ、その命を全身で生き、野球に打ち込み続けた武智文雄の魂はいまも私たちに大切な〝生きる根本〟と道筋を語りかけてくる。

一九五五年六月十九日、完全試合達成！

## あとがき

武智文雄が五十代の終わりころ、自筆で認めた身上書がある。

学歴、経歴、職歴のあと、〈家族〉とあって、こう記されている。

妻　由香里
長女　美保　同志社大学卒業　現在　スイス工芸大学留学中
長男　理　東京造形大学在学中（グラフィックデザイン）
二男　晶彦　愛光高等学校在学中

文雄自身は、西陣織産ネクタイ株式会社の代表取締役副社長の時代。

わずか四行の記述だが、戦争で捨てたつもりの命が救われ、伴侶を得て、三人の才能豊かな子どもたちに恵まれた喜びと誇り、充足感がうかがえる。家族は、ある意味で完全試合以上に、文雄が手に入れた「かけがえのない存在」だったのではないだろうか。

長女・美保は、本文にも記したとおり、現在はアート分野のプロデューサーとして、国際的に活躍している。

長男・理《さとし》は、祖父の会社を継いだ後、独立。イタリアで主に映像に関わる仕事をしていた。父・文雄が亡くなった九ヵ月後に急逝。二〇一四年四月のことだった。

二男・晶彦は大学の医学部を卒業し、医師として病院に務めている。

男の子ふたりは、いずれも野球に強い関心を示さず、野球選手になることはなかった。文雄もそれを望みはしなかったという。

子どもたちが幼いころは遠征が多く、引退後も評論家として、また義父の事業を継いで忙しかった文雄と子どもたちはあまり一緒に過ごす時間がなかった。そのせいか、子どもたちが大きくなってからも、親子の間には一般の親子のような親しげなコミュニケーションはそれほどなかったと、美保から聞かされていた。

ところが、この本の原稿をすっかり書き上げた後になって、意外な話に接した。

長男の理が、映画化を望んだ一遍のシナリオを遺していた。姉・美保は、これをなんとか映画化できないかと、ある映画プロデューサーに相談した。

その題名を聞いて、胸を衝かれた。

《シチリアの野球ボーイズ》

理自身が日本を離れ、新たな夢を求めたイタリアで、永遠の憧れを映画に託した。野球はまだメジャーとはいえないシチリア島を舞台に、野球に情熱を燃やす野球少年たちのドラマの映画化を、理が企画していた。そこには、いつか父親と邂逅を果たしたいと願っていた理の思いが偲ばれる。

野球は、スポーツであって、スポーツを越える存在でもある。

＊＊＊

この物語は、武智美保さんとの出会いによって生まれました。その縁をつないでくれた四十年来の先輩であり、貴い助言者である刈部謙一さんに、心からお礼を言います。刈部さんは、二十代半ばだった僕に、《長嶋茂雄語録》という着想を与えてくれた恩人でもあります。長い年月を重ねた末に、また新たな物語が生まれました。

武智美保さんはもとより、本文の中に登場する多くのみなさまのお力添えのおかげで原稿を書き上げることができました。この場を借りて、深くお礼を申し上げます。

取材、執筆にあたって大胆な示唆を与えてくださった集英社インターナショナルの手島裕明さん、田中知二さん、髙田功さん、松政治仁さんのご理解がなければ、この本は形になりませんでした。お礼を申し上げます。

野球が平和の礎となるよう、勝つことが目的の野球ではなく、ひとつひとつのプレーそのものが喜びであり、対戦相手との技の応酬にも互いの感動があるような、次元の高い野球に向かうよう願ってやみません。野球においても、ひとりひとりの命を大切にする姿勢は大切です。

高校一年の時、オーバースローに限界を感じてアンダースローに転向し、打者を打ち取る独得の悦びに目覚めた私が、アンダースローの大先輩の本を書かせてもらう幸運に恵まれるとは何と幸福者でしょう。

最後に、凄まじい波乱の人生を生き抜き、一度は離れた野球に復帰し、完全試合を達成、通算一〇〇勝を果たして、苛烈で情熱的な生き様を体現してくださった武智文雄投手に、心からお礼を申し上げます。

平成二十九年八月　武蔵野にて

小林信也

本書は、書き下ろしです。

写真提供　武智美保（口絵）、原勝彦（二一六―二一七頁）
装丁・本文デザイン　伊藤明彦（iDept.）
カバー写真　ベースボール・マガジン社

**小林信也（こばやし・のぶや）**
1956年、新潟県長岡市生まれ。長岡高時代はアンダースロー投手。雑誌『POPEYE』『Number』編集部を経てフリーランス。ノンフィクションやエッセイの執筆、単行本の企画構成を手がける。東京武蔵野シニア（中学硬式野球）監督。近著は『「野球」の真髄　なぜこのゲームに魅せられるのか』（集英社新書）。テレビ、ラジオのコメンテーターとしても活躍中。

# 生《い》きて還《かえ》る
## 完全試合投手《かんぜんじあいとうしゅ》となった特攻帰還兵《とっこうきかんへい》 武智文雄《たけちふみお》

2017年10月10日　第1刷発行

著　者　小林 信也《こばやし のぶや》
発行者　手島 裕明
発行所　株式会社 集英社インターナショナル
〒101-0064 東京都千代田区猿楽町1-5-18
電話　03-5211-2632
発売所　株式会社 集英社
〒101-8050　東京都千代田区一ツ橋2-5-10
電話　読者係 03-3230-6080
販売部 03-3230-6393（書店専用）

印刷所　凸版印刷株式会社
製本所　加藤製本株式会社


Printed in Japan　ISBN978-4-7976-7344-9 C0095
JASRAC 出 1709894-701